LA PAROLE ÉTERNELLE

SERIE BLEU, LIVRE TROIS

LA GENÈSE

Treize leçons bibliques non datées

Éditions Foi et Sainteté
Lenexa, Kansas (États-Unis)

Éditions Foi et Sainteté
Lenexa, Kansas (États-Unis)
978-1-56344-187-5

Rédacteur: Roberto Manoly

Publié originellement en anglais
Enduring Word: Genesis
Copyright © 1965
Published by Nazarene Publishing House
Kansas City, Missouri 64109 USA

Sauf indication contraire, les citations bibliques renvoient à la version - *Segond*. Les italiques et les parenthèses que l'on rencontrera dans les textes bibliques sont du rédacteur.

INTRODUCTION AU TRIMESTRE

La Genèse est le livre des commencements du monde et de l'homme. Il est appelé aussi le livre des origines, car à travers ses pages nous prenons connaissance des événements et des faits stupéfiants qui entourent les origines du monde et de l'humanité.

Le livre de la Genèse ne parle pas seulement du monde et de l'homme, mais il nous donne un aperçu de Dieu, le créateur dont les œuvres sont admirables et qui lui-même a déclaré que « tout ce qu'il avait fait était très bon » (Genèse 1.31). Nous disons un aperçu, parce que nous n'avons aucun détail sur les périodes précises concernant le commencement du monde ou de l'homme.

Un fait est cependant certain : il y a eu création, et le créateur – Dieu – a bien fait les choses. Ce n'est donc pas par hasard que les fleurs des champs aux couleurs et aux formes variées sont si belle à voir et à contempler, que les fruits de nos jardins sont si délicieux, que les nombreuses formes vivantes dans l'eau et sur la terre se reproduisent chacune selon son espèce – l'homme y compris. Non, il ne s'agit point d'un heureux hasard mais d'un plan conçu et exécuté par celui dont les « œuvres sont parfaites » (Deutéronome 32.4).

La Genèse est le livre qui nous parle des premières étapes du développement moral de l'homme – sa chute et du plan de Dieu pour sa restauration et son rétablissement. Bien que l'homme ait péché, Dieu ne l'a pas pour autant abandonné ; et si le premier homme a déçu Dieu dans son état innocence, plusieurs de ses descendants ont, dans leur état de péché, obéi à la voix de Dieu et ont marché humblement dans le sentier de la justice. Nous soulignons dans cette introduction deux d'entre ces descendants mentionnés dans le livre de la Genèse : Abraham et Joseph.

Abraham est bien connu comme « le père de la foi » en qui toutes les nations de la terre sont bénies. Il reçut l'appel de Dieu de se rendre en Canaan, et il y obéit sans savoir réellement où il allait. Il est le père d'Ismaël – l'ancêtre des Arabes – et le grand-père d'Israël (Jacob) –

l'ancêtre des Israélites. À travers lui, ces deux groupes ethniques amèrement opposés peuvent trouver, par la foi, leur unité et la réconciliation.

La vie de Joseph est si importante que le livre de la Genèse lui a consacré quatorze chapitres (37 – 50). Nous considérons ces chapitres dans les trois dernières leçons. Il est dit que Joseph est un type de Christ. Cela est bien vrai. Nous le considérons particulièrement comme un symbole de l'amour qui pardonne et qui indique le bon chemin à prendre (voir Genèse 50.20).

Puisse l'étude diligente de ces leçons et du livre de la Genèse renforcer votre foi dans le Dieu vivant et vrai !

– Roberto Manoly

Leçon 1

LE PREMIER LIVRE DE LA BIBLE

PASSAGES BIBLIQUES

Psaume 105.1-24 ; Hébreux 11.1-22

VERSET À RETENIR

« Et si vous êtes à Christ, vous êtes donc la postérité d'Abraham, héritiers selon la promesse » (Galates 3.29).

BUT DE LA LEÇON

Montrer la signification du livre de la Genèse et ainsi voir plus clairement notre place dans le plan rédempteur de Dieu.

INTRODUCTION

Chaque chrétien qui veut connaître la Bible a besoin d'étudier le livre de la Genèse. Ce livre unique a non seulement sa place en premier dans les Écritures mais il est le fondement sur lequel la Bible entière est écrite. Il est vraiment unique. C'est le livre des commencements et les résultats de ses commencements sont le cœur central des pages qui suivent. Chaque livre de la Bible apporte sa contribution à la totalité de la parole sainte de Dieu. Toutefois, le livre de la Genèse apporte une contribution spéciale.

Le titre de ce premier livre de la Bible est la clé de son caractère. Les Hébreux n'ont eu aucune autre désignation pour ce livre que son premier mot qui veut dire « au commencement ». Les Grecs l'appelle *Genesis* qui veut aussi dire « au commencement », « création » ou « génération ». La Genèse est donc par son caractère le livre des origines ou des commencements. De même, les plus récentes relations de Dieu avec la race humaine sont trouvées ou vues dans ce premier livre – au moins en principe.

La leçon d'aujourd'hui nous introduit à treize leçons, tirées du livre de la Genèse. Ces études seront centrées sur la doctrine de la création comportant l'origine et la chute de l'homme. De plus, Dieu agit envers l'humanité en mettant l'accent sur le peuple hébreu comme le canal choisi pour son plan de rédemption. Cela inclut la fondation de la nation juive à travers les vies des patriarches et aussi notre place dans le plan rédempteur de Dieu. Pour vous aider à mieux bénéficier de cette série de leçons, vous devriez lire en même temps le livre de la Genèse.

Notre leçon d'aujourd'hui va suivre l'esquisse suivante :

I. La Genèse, ce livre unique

II. « Il se rappelle à toujours son alliance » – Psaume 105.1-25

III. La réponse de la foi – Hébreux 11.1-10

I. LA GENÈSE, CE LIVRE UNIQUE

A. Son auteur

Le livre de la Genèse est le premier des cinq livres qui forment le Pentateuque – les « cinq rouleaux ». Les Hébreux appelèrent ces livres la Torah, ou « la Loi ». La croyance commune est que Moïse fut l'auteur du Pentateuque. David fait référence au Pentateuque comme étant la « loi de Moïse » (1 Rois 2.3), et Luc fait de même (Luc 2.22). Jésus le nomme le « livre de Moïse » quand il parle aux sadducéens (Marc 12.26).

B. Son plan

Il y a diverses manières d'établir un plan pour le livre de la Genèse. L'un des plus simples procédés est de le diviser en deux sections principales : (1) les commencements de la race humaine (chapitres 1 à 11) et (2) les commencements de la rédemption (chapitres 12 à 50). La première partie nous donne un récit de la création du monde, les commencements de la race humaine et l'origine du péché. Elle inclut, de plus, la chute de l'homme, la promesse d'un rédempteur, la diffusion du péché et le jugement du déluge. Il y eut aussi la confusion du langage, la dispersion de la race humaine et l'origine des nations. La dernière partie de la Genèse contient surtout les biographies de quatre hommes remarquables : Abraham, Isaac, Jacob et Joseph. Ces hommes sont significatifs dans l'histoire du commencement de la famille et de la nation choisie de Dieu.

Un commentaire biblique suggère que le livre de la Genèse peut être divisé en cinq parties : (1) les commencements de l'histoire (1.1 à 11.32), (2) l'histoire d'Abraham (12.1 à 25.18), (3) l'histoire d'Isaac (25.19 à 26.35), (4) les histoires de Jacob et d'Ésaü (27.1 à 37.1), et (5) l'histoire de Joseph (37.2 à 50.26).

C. Son caractère unique

Le livre de la Genèse aide une personne à comprendre les œuvres et les paroles de Christ dans les Évangiles ou les arguments et les applications des épîtres de Paul. Ils sont mieux compris avec les principes de base et les vérités éternelles dépeintes dans le premier livre de l'Ancien Testament. La Genèse pourvoit exceptionnellement à une vue générale de la restauration de l'homme à Dieu, révélée progressivement dans les Saintes Écritures.

D. Ses trois premiers mots

Les trois premiers mots de Genèse sont parmi les plus grands mots jamais écrits – « Au commencement, Dieu ». Ici se trouve la déclaration claire et la raison suffisante pour l'existence de toutes choses. Toute chose, à part Dieu, a eu un commencement. Toute chose a été créée par un créateur intelligent. Le Psalmiste déclare cette grande vérité : « Seigneur ! tu as été pour nous un refuge, de génération en génération. Avant que les montagnes fussent nées, et que tu eusses créé la terre et le monde, d'éternité en éternité tu es Dieu » (Psaume 90.1-2).

E. Sa promesse rédemptrice

Le livre de Genèse a plusieurs points vifs de vérité. L'un des plus brillants de tous est le troisième chapitre qui contient la première promesse de la rédemption (3.15). Dieu place la promesse de vie à côté de la sentence de mort. Il n'abandonna pas l'homme dans sa condition pécheresse. La mort du Fils de Dieu fut une nécessité pour le rachat de l'homme dans le plan de Dieu.

Maintenant nous regardons au Calvaire, à la croix de Jésus-Christ, pour notre pardon et notre purification. Le sang que Jésus versa sur la croix peut enlever tout obstacle afin que nous ayons une relation personnelle avec Dieu. L'Esprit et les désirs d'une personne peuvent être purifiés de leur mal. L'intelligence est libérée des mauvaises pensées et la volonté est exempte de l'esclavage des actions égoïstes. Maintenant les gens peuvent penser clairement, choisir honnêtement et avoir une communion sans empêchements. C'est la glorieuse délivrance de la souillure du péché. L'âme peut être restaurée et entre dans la présence de Dieu dans la beauté de la sainteté. Nous sommes les héritiers de la promesse de la rédemption de Dieu.

Question à discuter

Quelle espérance est trouvée pour notre rédemption dans le livre de la Genèse ?

II. « IL SE RAPPELLE À TOUJOURS SON ALLIANCE »
Psaume 105.1-25

A. « Postérité d'Abraham » – Psaume 105.6

Les commencements de la rédemption sont décrits dans la deuxième partie de Genèse, chapitres 12 à 50. La disposition de Dieu pour notre salut est vue en Abraham qui est désigné comme étant le canal choisi de son plan rédempteur. Dieu fit une alliance avec Abraham (13.15 ; 17.8), Isaac (26.3-5) et Jacob (28.13-15). La promesse à Abraham et sa famille se référa principalement à l'héritage du pays de Canaan. De même, son application spirituelle est aussi claire dans la Parole de Dieu. L'alliance fut faite non seulement avec lui, mais avec tous les enfants d'Israël et leurs descendants pour toujours.

À travers la grâce, Abraham devint le « père à tous » (Romains 4.16). Paul déclara cette vérité aux Galates : « Reconnaissez donc que ce sont ceux qui ont la foi qui sont fils d'Abraham » (3.7). Le verset à retenir de cette leçon nous rappelle que « Si vous êtes à Christ, vous êtes donc la postérité d'Abraham, héritiers selon la promesse » (Galates 3.29). Les Écritures prévirent que Dieu allait justifier les gentils par la foi ; et de ce fait, elles ont d'avance annoncé la bonne nouvelle à Abraham : « Toutes les nations seront bénies en toi » (Galates 3.8).

B. « Toutes ses merveilles » – Psaume 105.2

Le thème du Psaume 105 représente la grâce et la fidélité de Dieu en établissant son alliance avec Abraham. L'homme avait péché et avait déchu de sa position originelle (Genèse 3), Cependant, Dieu prit l'initiative dans la rédemption de l'homme. L'alliance de Dieu avec Abraham fut le commencement d'un plan pour racheter son peuple.

Le psalmiste exhorte à juste titre les enfants d'Israël de parler de ses merveilles. Les versets un à sept du Psaume 105 expriment la louange au Dieu d'Israël. Les versets restants repassent en mémoire les événements de l'héritage d'Israël.

Réjouissons-nous de la bonté de notre Dieu et remercions le Seigneur pour son plan de rédemption.

Question à discuter

Comment pouvons-nous mettre en rapport l'alliance de Dieu avec Abraham et notre rédemption ?

III. LA RÉPONSE DE LA FOI
Hébreux 11.1-10

A. « Par la foi » – Hébreux 11.3

Le familier chapitre onze d'Hébreux commence avec une définition de la foi (11.1). Il continue avec des énoncés considérant l'utilité de la foi (11.2-3). La foi est ce que « les anciens ont possédée » (11.2). « Or sans la foi il est impossible de lui être agréable » (11.6). « C'est par la foi que nous reconnaissons que le monde a été formé par la parole de Dieu » (11.3). La création fut la première révélation de Dieu à l'humanité et cela peut être compris seulement par la foi.

B. « C'est par la foi qu'Abraham … obéit » – Hébreux 11.8

Le reste du chapitre onze est dévoué pour honorer les héros de la foi. Le nom d'Abraham revient souvent. Il fut « le père du fidèle ». Il obéit à Dieu. Abraham sera toujours un exemple de la réponse de l'homme à la révélation et à la volonté de Dieu.

La foi d'Abraham ne put provenir d'un seul acte de confiance. Il est resté confiant en Dieu crise après crise. Quand il fut appelé à quitter le pays de ses pères, il « obéit et partit … sans savoir où il allait » (11.8). La vie d'Abraham dans le pays de Canaan indique la patience de sa foi – une foi qui vit au-delà du présent au futur. « C'est par la foi qu'il vint s'établir dans la terre promise comme dans un terre étrangère, habitant sous des tentes, ainsi qu'Isaac et Jacob, les cohéritiers de la même promesse. Car il attendait la cité qui a de solides fondements, celle dont Dieu est l'architecte et le constructeur » (11.9-10).

La foi a fait face de nouveau au test. Quand Abraham et Sara ne s'attendaient plus à avoir un enfant, Abraham mis sa confiance en la promesse de Dieu. La naissance d'Isaac fut un miracle, un enfant de promesse et l'espérance d'Israël. À travers lui le peuple juif allait devenir « comme les étoiles du ciel, comme le sable qui est sur le bord de la mer et qu'on ne peut compter » (11.12).

Le plus grand test de la foi d'Abraham vint quand Dieu lui demanda d'offrir Isaac son fils unique (Genèse 22.1-19). Toutefois, Abraham sut qu'il n'y avait pas de perte ultime en ce que Dieu demandait. Il crut qu'aucun sacrifice ne pouvait annuler l'alliance que Dieu avait fait avec lui. Bien qu'il n'ait pas compris l'ordre de Dieu, il n'hésita pas à faire sa volonté. Son seul devoir fut d'obéir. La vie d'Abraham fait rappeler à nous tous l'importance d'une prompte obéissance à faire la volonté de Dieu.

Question à discuter

Quelle est l'importance de l'obéissance à la vie de la foi ?

Leçon 2

AU COMMENCEMENT DIEU

PASSAGE BIBLIQUE
Genèse, chapitres 1 et 2

VERSET À RETENIR
« Ne le sais-tu pas ? ne l'as-tu appris ? C'est le Dieu d'éternité, l'Éternel, qui a créé les extrémités de la terre ; il ne se fatigue point, il ne se lasse point ; on ne peut sonder son intelligence » (Ésaïe 40.28).

BUT DE LA LEÇON
Renouveler notre foi en Dieu en tant que créateur du monde et de l'humanité.

INTRODUCTION

Peu de mots ont tant incité la pensée des gens comme ceux qui introduisent le livre de la Genèse : « Au commencement, Dieu créa les deux et la terre » (Genèse 1.1). Nous sommes introduits immédiatement à Dieu comme le créateur intelligent, la première cause de toutes choses. Il y eut un temps quand il n'y avait rien – seulement Dieu. Toute chose commença avec lui qui n'a eu aucun commencement.

Comme le dit le psalmiste : « Seigneur ! tu as été pour nous un refuge, de génération en génération. Avant que les montagnes fussent nées, et que tu eusses créé la terre et le monde, d'éternité en éternité tu es Dieu » (Psaume 90.1-2). La doctrine de la création n'est pas une vérité limitée seulement au premier chapitre de la Bible. Elle est donnée dans les premiers mots de la Genèse, et elle est répétée à plusieurs reprises dans la Parole de Dieu. Il y a plus de soixante-cinq passages dans les Écritures qui se réfèrent à la création.

Voici quelques versets importants à ce sujet :

« Les cieux racontent la gloire de Dieu, et l'étendue manifeste l'œuvre de ses mains » (Psaume 19.2).

11

« *Tu as anciennement fondé la terre, et les cieux sont l'ouvrage de tes mains* » *(Psaume 102.26).*

« *Ne le sais-tu pas ? ne l'as-tu pas appris ? C'est le Dieu d'éternité, l'Éternel, qui a créé les extrémités de la terre ; il ne se fatigue point, il ne se lasse point* » *(Ésaïe 40.28).*

« *Tu es digne, notre Seigneur et notre Dieu de recevoir la gloire et l'honneur et la puissance ; car tu as créé toutes choses* » *(Apocalypse 4.11).*

L'étude d'aujourd'hui suivra l'esquisse suivante :

I.   L'hymne de la création – Genèse 1.1 – 2.3

II. La période créatrice – Genèse 1.1 – 2.3

III. « Au commencement, Dieu créa » – Genèse 1.1 – 2.3

I. L'HYMNE DE LA CRÉATION
Genèse 1.1 – 2.3

A. « Dieu créa » – Genèse 1.1

Le livre la de Genèse s'introduit avec un récit de la création (Genèse 1.1 – 2.3). Cette section a été appelée « L'hymne de la création » ou le « Poème de l'aube ». Sa vérité dominante est que Dieu créa cet univers. Ce passage répond au non-croyant qui déclare que l'existence de Dieu et l'origine de l'univers sont inconnaissables. Il contredit l'athéiste qui nie catégoriquement l'existence d'un être suprême. Il rejette le panthéisme qui est la croyance que l'univers lui-même est Dieu. Il répond à l'argument du polythéisme qui soutient qu'il y a plusieurs dieux au lieu d'un seul Dieu suprême.

B. « Par la foi » – Hébreux 11.3

L'auteur du livre des Hébreux déclara : « C'est par la foi que nous reconnaissons que le monde a été formé par la parole de Dieu, en sorte que ce qu'on voit n'a pas été fait de choses visibles » (11.3). Quoiqu'aucune personne humaine n'ait vu Dieu créer le monde, nous apprenons au sujet de ces choses à travers la révélation qu'il a donné dans la Bible et à travers notre foi dans la puissance de Dieu.

Il n'y avait pas de témoins oculaires quand l'univers fut créé. Mais Dieu était là. « L'hymne de la création » nous dit que cet univers ne fut pas le résultat d'une force impersonnelle ou d'un accident. C'est Dieu qui l'a conçu, qui l'a formé, et qui a fait réaliser tout ce qui existe. « Dieu vit », « Dieu dit » et « Dieu créa » sont des expressions qui dominent l'histoire du commencement de notre monde.

La Genèse n'est pas un livre sur la géologie, la biologie ou l'astronomie. Cependant, il ne doit pas être vu comme étant en contradiction avec les découvertes du monde de la science. Ce livre représente un récit religieux des actes puissants de Dieu dans la création. Pourtant, un tel rapport unique donne de la lumière sur les découvertes scientifiques et élève nos esprits au-dessus de tous les mythes au sujet de la création.

Question à discuter

Pourquoi la foi est-elle essentielle à la compréhension de l'histoire de la création ?

II. LA PÉRIODE CRÉATRICE

Genèse 1.1 – 2.3

A. « Au commencement » – Genèse 1.1

Le récit de la création inspiré par Moïse ne toucha pas premièrement les événements et leur ordre dans le temps ou les problèmes de la science moderne. Cependant, cela ne veut pas dire qu'il n'existe pas un ordre dans le temps des événements cités en Genèse, ou que la Bible et la science sont en contradiction. Cela veut dire que la Bible ne donne aucun temps défini pour la création ni aucune longueur des jours créateurs. La Bible dit simplement qu' « au commencement Dieu créa les deux et la terre ». Elle ne dit pas quand fut ce commencement. Ce temps sans date est la seule date que la Bible mentionne. Nous n'avons aucune autre date révélée afin de savoir quand le monde fut créé. Et les efforts de l'homme pour faire ce que Dieu n'a pas fait peuvent nous induire en erreur.

Quelques commentateurs bibliques disent que la création de notre univers eut lieu en l'an 4004 avant la naissance de Jésus-Christ. Cette date fut désignée par l'archevêque James Ussher qui mourut en 1656.

En calculant les années utilisant les listes généalogiques des chapitres 5 et 11 de la Genèse, il crut que cette date fut celle de la création.

La plupart des savants bibliques nous rappellent, cependant, qu'il y a plusieurs possibilités d'erreur en essayant de fixer une date pour la création, basée sur la chronologie de l'Ancien Testament. Nous ne pouvons pas savoir avec assurance que les chronologies mentionnent tous les peuples dans toutes leurs générations. Si nous comparons Matthieu 1.8 avec les chapitres 22 à 25 de 2 Chroniques, nous voyons que le but de la généalogie biblique est d'indiquer la lignée des descendants du peuple et non pas de faire la liste de toutes les générations qui y sont comprises. Cela ne doit pas nous troubler parce que nous n'avons pas besoin d'une date exacte concernant la création du monde. Nous avons la déclaration révélée : « Au commencement Dieu créa… » Cela est la grande vérité de la Genèse.

B. L'intervalle de temps

Il y a plusieurs savants bibliques et scientifiques chrétiens qui acceptent les découvertes scientifiques à l'égard du vieil âge de la terre. Par exemple, jugeant des changements présents dans les formations des roches, les géologues estiment que notre terre est âgée de deux à quatre milliards d'années. Certains croient que les mots « au commencement » permettent assez de temps pour ces théories géologiques. Il est suggéré qu'entre le premier et le second versets de la Genèse, il existe un grand intervalle de temps. Après la création originelle, il y eut une destruction qui réduit la terre en une masse informe. Ce changement tragique a été associé avec la chute de Lucifer (Ésaïe 14.12). Selon cette vue le deuxième verset de la Genèse chapitre 1, représente une reconstruction de la terre.

C. La longueur des jours

Une autre importante considération est que les jours créateurs de la Genèse représentent des périodes indéfinies au lieu de celle du système solaire de 24 heures. Le Dr Orton Wiley nous montre que le mot hébreu traduit par « jour » apparaît au moins 1.480 fois dans l'Ancien Testament. Ce mot est traduit en plus de 50 différentes mots comprenant des termes tels que temps, vie, aujourd'hui, âge, toujours, continuellement et perpétuellement. Un usage si varié du mot « jour » nous limite à faire des déclarations définies au sujet de sa signification exacte.

On assume fréquemment qu'originellement les chrétiens s'en tinrent à un jour solaire de 24 heures, et que l'Église changea sa définition sous la pression des découvertes géologiques modernes. Cela est appelé l'une des « erreurs d'ignorance ». La meilleure explication hébraïque n'a jamais regardé les jours de la Genèse comme faisant partie d'un système solaire, mais comme une période de jours d'un temps indéfini.

Certains savants de l'Église ont longtemps supporté que les jours de la création furent des jours « divisés de Dieu » au lieu des jours « divisés du soleil ». Les jours représentèrent les limites des grandes périodes de temps au lieu des changements des mouvements planétaires. D'autres savants ont indiqué que le soleil et les corps célestes – nos normes actuelles de mesure – ne furent pas créés avant le quatrième jour. Cependant, le terme « jour » fut utilisé pour les trois premières périodes créatives. Aussi, en Genèse 2.4 le terme « jour » se réfère à l'entière période de la création. Nous devons nous rappeler aussi que la Bible nous dit « devant le Seigneur, un jour est comme mille ans, et mille ans sont comme un jour » (2 Pierre 3.8).

Cependant, beaucoup de chrétiens sincères ont cru que ces « jours » en Genèse ne pourraient être que de jours de 24 heures tels que nous savons aujourd'hui. Bien sûr, Dieu aurait pu créer notre monde en six jours de 24 heures chacun. En fait, il aurait pu le faire en un seul jour de 24 heures ou bien même en 24 secondes s'il avait choisi de le faire. Qu'il ait choisi ou non, cela est une autre question.

Dieu peut certainement travailler à travers des millions d'années aussi bien que des jours de 24 heures. Beaucoup de bons chrétiens ont appuyé la croyance en des plus longues périodes de temps au sujet de la création, tandis que plusieurs autres ont appuyé l'idée que Dieu a créé la terre en six jours de 24 heures chacun. Cependant, nous devons nous rappeler que le temps en lui-même ne peut rien faire de créateur. C'est Dieu qui crée, que le temps soit long ou court.

Question à discuter

Quelles sont les diverses vues que les chrétiens supportent concernant les jours de la création ?

III. « AU COMMENCEMENT, DIEU CRÉA »

Genèse 1.1 – 2.3

« Dieu créa » – Genèse 1.1

Dieu créa notre monde. Cela est la vérité qui nous frappe dès les premières lignes de la Genèse. Dieu étendit les cieux comme un rideau et comme nous regardons avec nos yeux, nous voyons les mondes qu'il créa (Ésaïe 40.22, 26). Dieu est le créateur et la première cause de tout. Voilà la seule réponse suffisante au sujet de l'existence de notre univers. Vraiment, la Genèse nous présente une doctrine du créateur plutôt qu'une doctrine de la création. Avant que cet univers auquel nous appartenons ne soit créé, il existait un Dieu tout-puissant qui nous aime et qui a créé ce monde en tant que cadre pour l'histoire humaine. Nous affirmons notre foi de nouveau aujourd'hui en Dieu comme créateur de notre monde et de la race humaine.

Question à discuter

Quelle est l'importante vérité concernant l'histoire de la création ?

Leçon 3

À L'IMAGE DE DIEU

PASSAGE BIBLIQUE

Genèse chapitres 1 et 2

VERSET À RETENIR

« Qu'est-ce que l'homme, pour que tu te souviennes de lui ? Et le fils de l'homme pour que tu prennes gardes à lui ? Tu l'as fait de peu inférieur à Dieu, et tu l'as couronné de gloire et de magnificence »
(Psaume 8.5-6).

BUT DE LA LEÇON

Nous aider à comprendre la nature humaine et notre responsabilité en tant que la plus grande création de Dieu.

INTRODUCTION

En étudiant la semaine de la création, nous remarquons que Dieu n'a pas créé l'homme avant l'établissement d'un foyer terrestre disponible. Au premier jour, Dieu dit : « Que la lumière soit (Genèse 1.3). Au deuxième jour, il créa le firmament, les étendues des eaux et l'atmosphère. Le troisième jour, il sépara les eaux d'avec la terre et couvrit les collines et les vallées avec toute sorte de végétation. Le quatrième jour, il créa le soleil, la lune et les étoiles — les instruments de mesure de l'histoire humaine. Au cinquième jour, Dieu créa les animaux inférieurs, les oiseaux du ciel et les poissons de la mer. Puis, le sixième jour, il produisit les animaux terrestres et l'homme – le plus grand de tous ses actes formidables de la création. Seulement après que le foyer de l'homme fut prêt et que l'homme fut placé là, Dieu se reposa. Le septième jour fut le premier grand sabbat (Genèse 2.2).

Notre étude d'aujourd'hui traite la création de l'homme « à l'image de Dieu » (Genèse 1.27). Les deux premiers chapitres de la Genèse consacrent peu de versets à la création merveilleuse du genre humain – trois versets au chapitre 1 (vv. 26-28), et un au chapitre 2 (v. 7). Cependant, dans ces brefs énoncés, nous avons le seul récit adéquat et autorisé de l'origine de notre race humaine. Ces versets nous disent quelque chose sur l'origine et la nature de l'homme, et l'interdépendance des sexes. Ils parlent de la supériorité des êtres humains au-dessus du reste de la création et de la responsabilité de l'homme et de la femme envers Dieu qui les créa.

Notre étude se divise en trois points :

I.   La nature unique de l'homme – Genèse 1.26 – 2.7

II. L'environnement plaisant de l'homme – Genèse 2.8-17

III. Le besoin d'une compagne pour l'homme – Genèse 2.18-25

I. LA NATURE UNIQUE DE L'HOMME
Genèse 1.26 – 2.7

A. « Dieu créa l'homme » – Genèse 1.27

Dans les œuvres précédentes de la création que nous avons étudiées, Dieu dit : « Que la lumière soit », « Qu'il y ait une étendue », et « Que les eaux qui sont au-dessous du ciel se ressemblent en un seul lieu ». Cependant quand Dieu accomplit son œuvre la plus grande de la création, il dit en conseil impliquant l'entière Trinité : « Faisons l'homme à notre image, selon notre ressemblance. … Dieu créa l'homme à son image, il le créa à l'image de Dieu, il créa l'homme et la femme » (Genèse 1.26-27). Ces mots, à la fois simples et grands, ont placé l'homme au-dessus de l'univers matériel et de toutes autres créatures vivantes.

L'homme est la seule créature dont la Bible dit qu'elle est faite à l'image et à la ressemblance avec Dieu. Aucun des saints messagers de Dieu qui sont purement esprit tels que les chérubins, les séraphins, les archanges ou les anges n'a partagé cet honneur.

Il est intéressant de noter que le verbe hébreu traduit par « créer » (Genèse 1.27) apparaît seulement trois fois dans l'histoire de la création. Il apparaît premièrement dans la création de l'univers matériel (Genèse 1.1), deuxièmement dans la création des animaux vivants (1.21), et troisièmement dans la création de la vie humaine (1.27). L'homme est donc une création distincte et nouvelle. Ainsi le récit inspiré de la création en Genèse rejette catégoriquement toutes les théories naturalistes de l'origine de l'homme. L'humanité n'est pas un dernier produit d'un processus évolutionnaire, mais l'homme est l'ouvrage unique d'un Dieu tout-puissant. L'homme fut créé un peu inférieur à Dieu plutôt qu'un peu supérieur aux animaux.

Le psalmiste a déclaré :

Quand je contemple les cieux, ouvrage de tes mains, la lune et les étoiles que tu as créées : qu'est-ce que l'homme, pour que tu te souviennes de lui ? Et le fils de l'homme pour que tu prennes garde à lui ? Tu l'as fait de peu inférieur à Dieu, et tu l'as couronné de gloire et de magnificence, (Psaume 8.4-6)

Le mot hébreu *Elohim* dans le Psaume 8.5 peut vouloir dire Dieu ou les anges. Beaucoup de savants bibliques ont préféré la première traduction. Selon cette interprétation, ils disent que l'homme, dans sa création originelle, se tenait debout à côté de son Créateur.

B. « Dieu forma l'homme de la poussière de la terre » – Genèse 2.7

Le deuxième récit de la création de l'homme (Genèse 2.7) n'est pas en conflit avec le premier (Genèse 1.26-28). Il nous donne l'information supplémentaire disant que l'homme est un mélange de la poussière et de la divinité. Il nous informe que le corps physique de l'homme fut formé de la poussière de la terre. « Dieu souffla dans ses narines [celles de l'homme] un souffle de vie et l'homme devint un être vivant » (2.7). Ici se trouve le caractère unique de l'homme. Il a un corps, mais il est aussi un esprit façonné à la ressemblance avec Dieu. Dans le caractère unique de la création de l'homme, nous voyons la dignité et la valeur de la personnalité humaine.

La nature de l'homme est ainsi parce qu'il est impliqué avec deux mondes – le spirituel et le matériel. Étant essentiellement spirituel, il fut lié avec Dieu et l'éternité. Étant aussi matériel et physique, il fut comme l'ordre naturel qui l'entoure. En tant que partie de l'ordre naturel, il fut dans la meilleure position possible pour glorifier Dieu, en consacrant le naturel – en faisant de la matière le serviteur de l'âme et le serviteur de Dieu. Ainsi son corps, bien qu'une limitation, ne fut pas un empêchement ni un embarras, mais sa gloire. La matière n'est pas péché, non plus le corps notre honte – des idées qui sont une partie de toutes les religions non chrétiennes. Cependant, la matière est un outil et le chris-

tianisme dit toujours : « Glorifiez donc Dieu dans votre corps » (1 Corinthiens 6.20).

C. « À son image » – Genèse 1.27

Le fait frappant du récit biblique de l'origine de l'homme est qu'il
fut créé à l'image ou à la ressemblance avec Dieu. Cela veut dire que
l'homme, comme Dieu, est un esprit qui possède une connaissance de
soi, qui peut diriger lui-même et qui ne peut pas être détruit. Bien que
le corps de l'homme ait été formé de la poussière, l'homme lui-même
est beaucoup plus que la poussière. Malgré le fait qu'il est limité,
l'homme est comme le Dieu illimité. Les théologiens ont plusieurs manières pour décrire cette ressemblance avec Dieu. L'image de Dieu dans
l'homme peut être décrite en deux catégories : (1) l'image naturelle qui
consiste en les éléments suivants de la personnalité : spiritualité, connaissance, et immortalité ; (2) l'image morale, que veut dire le caractère
ou la qualité de la personnalité de l'homme.

L'homme reçut son image morale à la création. Avec la personnalité
que l'homme reçut alors, son intelligence l'a rendu responsable pour la
bonne utilité de ses capacités. Sa responsabilité personnelle comprit le
pouvoir de libre choix, par lequel il peut choisir ce qu'il veut penser et
faire. En tant que personne, l'homme doit aussi répondre à Dieu pour
ses propres désirs qui touchent tous ses choix. Savoir la différence entre
le bien et le mal rend une personne responsable pour ses pensées et actions personnelles. Elle est même responsable de faire les changements
que la connaissance morale exige.

Un savant dit que l'image de Dieu dans l'homme consiste en la
connaissance, la justice et la vraie sainteté. Il fonda ses conclusions sur
deux passages de la Bible – Colossiens 3.10 et Éphésiens 4.24. Dieu
créa l'homme immortel, rationnel et saint. L'homme fut créé avec des
pouvoirs intellectuels qui le rendirent capable de connaître le créateur.
Cependant, Dieu le créa immortel, un produit de sa propre éternité.
L'homme ne peut mourir entièrement – ne peut être totalement détruit
– mais il doit exister intellectuellement pour toute éternité. Dieu créa
l'homme saint afin qu'il puisse être à jamais capable de s'unir avec lui
qui est la source de toute pureté. L'éternel bonheur de l'homme est et
doit être son éternelle union avec ce Dieu.

Que veulent dire les mots « spirituel » et « matériel » employés dans notre étude d'aujourd'hui ?

II. L'ENVIRONNEMENT PLAISANT DE L'HOMME

Genèse 2.8-17

« Dieu planta un jardin » – Genèse 2.8

« Puis l'Éternel Dieu planta un jardin en Éden, du côté de l'orient, et y mit l'homme qu'il avait formé » (Genèse 2.8). Ce jardin fertile fut le premier habitat de l'homme. Le nom Éden veut dire littéralement agrément ou bonheur. Ce paradis terrestre fut arrosé par un grand fleuve qui se divisait en quatre bras. Éden avait des ressources matérielles et tout ce qui fut nécessaire pour l'existence et le confort de l'homme. L'homme fut placé dans le monde comme un roi, avec tout pour lui plaire. Il fut le représentant de Dieu sur la terre pour superviser tous les ordres inférieurs de la création.

La situation géographique exacte d'Éden est inconnue. Plusieurs savants bibliques croient qu'il était situé en Mésopotamie ou en Arménie. Cependant, plus important que la situation exacte est la signification spirituelle du jardin d'Éden. Ici est le cadre de la première épreuve de l'homme. Ici Dieu donna à l'homme son premier commandement positif et spécifia un arbre comme l'épreuve de l'obéissance de l'homme. « L'Éternel Dieu donna cet ordre à l'homme : Tu pourras manger de tous les arbres du jardin ; mais tu ne mangeras pas de l'arbre de la connaissance du bien et du mal, car le jour où tu en mangeras, tu mourras » (Genèse 2.16-17).

Question à discuter

Pourquoi Adam et Ève n'ont-ils pas été autorisés à manger le fruit de l'arbre de la connaissance du bien et du mal ?

III. LE BESOIN D'UNE COMPAGNE POUR L'HOMME
Genèse 2.18-25

A. « L'Éternel Dieu dit » – Genèse 2.18

En Genèse chapitre 1, nous avons un récit général de la création de l'homme. « Dieu créa l'homme à son image, il le créa à l'image de Dieu, il créa l'homme et la femme » (Genèse 1.27). Dans le deuxième chapitre, nous avons quelques détails spécifiques concernant la création de la femme et les commencements du mariage et de la famille. Dieu dit : « Il n'est pas bon que l'homme soit seul ; je lui ferai une aide semblable à lut1 (Genèse 2.18). Ici, la pureté et la sainteté du mariage sont clairement démontrées. Dieu établit le foyer, la première des institutions de l'homme.

B. « Il prit une de ses côtes » – Genèse 2.21

Quelques savants bibliques ont dit que le mot français pour « côte » est ici trop spécifique pour la traduction du mot hébreu. Il est mieux traduit par « côté ». Une chose est sûre : Dieu forma la femme d'une partie de l'homme. Un savant suggère que « la femme ne fut pas faite de la tête de l'homme afin de régner sur lui, mais elle est formée d'une partie sous le bras de l'homme pour être protégée, pour être près de son cœur, pour être bien chérie ».

C. « L'homme … s'attachera à sa femme » – Genèse 2.24

Quelqu'un a dit que Dieu est le premier garçon d'honneur. Il « forma une femme… et l'amena vers l'homme » (Genèse 2.22). Dans un sens, Dieu célébra la première cérémonie du mariage et rendit très claire la sainteté du foyer. Il faut que la sainteté du mariage soit préservée, même durant les périodes de relâchement moral et de fréquents divorces.

Jésus, en répondant à une question des pharisiens, se référa à la révélation de la Genèse.

N'avez-vous pas lu que le créateur, au commencement, fit l'homme et la femme et qu'il dit : C'est pourquoi l'homme quittera son père et sa mère, et s'attachera à sa femme, et les deux deviendront une seule chair ? Ainsi ils ne sont plus deux, mais ils sont une seule chaire. Que l'homme donc ne sépare pas ce que Dieu a joint. (Matthieu 19.4-6)

Dieu a donné de la dignité au mariage. Que l'homme prenne garde à ne pas le dégrader.

Question à discuter

Qu'apprenons-nous au sujet de la sainteté du mariage dans ce passage de la Bible ?

Leçon 4

LA RÉBELLION CONTRE DIEU

PASSAGE BIBLIQUE

Genèse 3.1-24

VERSET À RETENIR

« Nous étions tous errants comme des brebis, chacun suivait sa propre voie ; et l'Éternel a fait retomber sur lui l'iniquité de nous tous » (Ésaïe 53.6).

BUT DE LA LEÇON

Apprendre la signification du livre de la Genèse et voir notre place dans te plan rédempteur de Dieu.

INTRODUCTION

Le chapitre 3 de la Genèse, sur lequel l'étude d'aujourd'hui se base, est l'un des grands chapitres de la Bible entière. Il est appelé le plus important de tous les chapitres parce que sans lui, le reste des Écritures n'aurait pas de sens. Si l'être humain n'est pas vu comme pécheur, toutes les Écritures sont sans signification et l'Évangile est faux.

L'histoire du chapitre 3 est peut-être aussi triste que n'importe quelle histoire trouvée dans toute la Bible. Dans les chapitres précédents, nous avons vu la sainteté et le bonheur de nos premiers parents et la grâce et l'approbation de Dieu. Nous avons appris au sujet de la paix et de la beauté de la création entière – tout fut très bon. Maintenant la scène est changée. Ici se trouve le récit du péché et de la misère de nos premiers parents, et la malédiction de Dieu contre eux. La paix de la création est bouleversée, dorénavant sa beauté est tachée.

La dernière étude nous parle de l'homme comme étant le chef d'œuvre créateur de Dieu, fait à son image et couronné de gloire et d'honneur. Dans l'étude d'aujourd'hui, nous le voyons comme pécheur – sa justice originelle ruinée par la désobéissance. S'il n'existait pas les glorieuses suggestions rédemptrices du verset 15, le chapitre 3 aurait été un chapitre de ténèbres et de désespoir complets.

Notre esquisse est la suivante :

I. LA TENTATION
Genèse 3.1-5

A. « Dieu a-t-il réellement dit » – Genèse 3.1

Le récit de la première tentation est profondément personnel. Nos premiers parents livrèrent bataille à la loyauté suprême de l'âme. Nous rencontrons tous un défi similaire. Tôt ou tard, chacun de nous doit décider qui doit être le maître de la vie. Est-ce le moi ou le Christ qui régnera dans le cœur ? La réponse à cette question a un rapport absolu avec la vie et la destinée. Donc, l'histoire de la Genèse à l'égard de la première tentation est d'un intérêt vital pour nous aujourd'hui.

La première manœuvre du tentateur dans son attaque fut de faire douter Ève au sujet de la bonté de Dieu. « Dieu a-t-il réellement dit : vous ne mangerez pas de tous les arbres du jardin » ? (Genèse 3.1). Satan veut que nous doutions de Dieu et de son droit de régner sur nos vies. La réponse d'Ève au tentateur fut : « Nous mangeons du fruit des arbres du jardin. Mais quant au fruit de l'arbre qui est au milieu du jardin, Dieu a dit : Vous n'en mangerez point et vous n'y toucherez point, de peur que vous ne mouriez » (Genèse 3.2-3).

B. « Vous ne mourrez point » — Genèse 3.4.

La manœuvre suivante du tentateur fut une dénégation absolue de la vérité dans la déclaration de Dieu. « Vous ne mourrez point, dit le serpent à la femme, mais Dieu sait que, le jour où vous en mangerez, vos yeux s'ouvriront, et que vous serez comme des dieux, connaissant le bien et le mal » (Genèse 3.4-5). D'abord le tentateur fait Ève douter de la bonté de Dieu et ensuite de sa vérité.

Question à discuter

Pourquoi Ève douta-t-elle de la bonté de Dieu et de sa vérité ?

II. LE COMMENCEMENT DU PÉCHÉ

Genèse 3.6-13 ; 6.5

A. Le chemin qui conduisit à la chute — Genèse 3.6

Ève avait douté de Dieu. Maintenant, l'appétit physique se joint à l'incroyance. Elle « vit que l'arbre était bon à manger et agréable à la vue ». Ensuite, une curiosité impatiente ajouta sa force – l'arbre la rendrait sage. Ainsi, elle prit du fruit de l'arbre et en mangea. Alors, dans sa désobéissance, Ève devint une tentatrice et ainsi donna du fruit à son mari. Adam accepta le fruit en tant qu'une personne responsable pour sa conduite. De cette façon, la condamnation mortelle du péché passa d'une personne à une autre.

B. Les conséquences immédiates — Genèse 3.7-13

Le premier résultat du péché fut la honte. « Les yeux de l'un et de l'autre s'ouvrirent ; ils connurent qu'ils étaient nus, et ayant cousu des feuilles de figuier, ils s'en firent des ceintures » (Genèse 3.7). La promesse de Satan concernant la connaissance du bien et du mal fut en fait réalisée. Au lieu de rendre les pécheurs « comme des dieux », leur désobéissance leur montra qu'ils furent plutôt comme les bêtes, et cela leur apporta le premier sens de la honte. Peut-être que savoir quelque chose au sujet du mal a augmenté leur connaissance ; cependant, connaître le mal à travers l'expérience personnelle changea leur innocente ignorance en une connaissance amère. Leur paisible conscience devint troublée par une culpabilité anxieuse.

La chute de l'homme eut des conséquences tragiques. Celles-ci se produisirent quand le couple rebelle s'enfuirent de la présence de Dieu et ainsi la communion divino-humaine fut rompue. Cependant, le péché ne disparaît pas en se cachant de Dieu. Le Père trouva le couple rebelle dans le jardin (Genèse 3.9). Les questions pénétrantes de Dieu les portèrent à se blâmer mutuellement. Adam blâma Ève et elle blâma le serpent. De nos jours, nous voyons souvent un pareil manque de respect pour la loi.

C. Les conséquences pour la race humaine — Genèse 6.5

Les Écritures sont claires en montrant qu'avant la chute, il n'y avait ni péché ni mort. Tous les deux sont arrivés en tant que résultat de la transgression de l'homme. « C'est pourquoi, comme par un seul homme le péché est entré dans le monde, et par le péché la mort, et qu'ainsi la mort s'est étendue sur tous les hommes, parce que tous ont péché » (Romains 5.12). Il est aussi évident que les effets du péché de nos premiers parents ne furent pas limités à eux-mêmes seuls. Au temps de Noé, « l'Éternel vit que la méchanceté des hommes était grande sur la terre, et que toutes les pensées de leur cœur se portaient chaque jour uniquement vers le mat » (Genèse 6.5).

L'ampleur de la rébellion de l'homme contre Dieu était devenue si grande que la race humaine tout entière fut souillée du péché. Le psalmiste dit : « L'Éternel, du haut des deux, regarde les fils de l'homme, pour voir s'il y a quelqu'un qui soit intelligent, qui cherche Dieu. Tous sont égarés, tous sont pervertis ; il n'en est aucun qui fasse le bien, pas même un seul » (Psaume 14.2-3).

Le Nouveau Testament donne aussi un support à la vérité tragique de la dépravation morale. Jésus dit :

Ce qui sort de l'homme, c'est ce qui souille l'homme. Car c'est du dedans, c'est du cœur des hommes, que sortent les mauvaises pensées, les adultères, les impudicités, les meurtres, les vols, les cupidités, les méchancetés, la fraude, le dérèglement, le regard envieux, la calomnie, l'orgueil, la folie. Toutes ces choses mauvaises sortent du dedans, et souillent l'homme. (Marc 7.20-23)

L'apôtre Paul nous donne aussi une déclaration claire au sujet du péché qui demeure en nous.

Et maintenant ce n'est plus moi qui le fait, mais c'est le péché qui habite en moi. Ce qui est bon, je le sais, n'habite pas en moi, c'est-à-dire dans ma chair : j'ai la volonté, mais non le pouvoir de faire le bien. (Rom. 7.17-18)

La chute de nos premiers parents lorsqu'ils désobéirent à Dieu, nous l'appelons, d'ordinaire, le péché originel. Le résultat mauvais pour la race humaine entière, nous appelons la dépravation héritée. La dépravation dans l'humanité est appelée une corruption qui n'épargne aucune. Elle s'est propagée à travers l'espèce humaine et aucun être humain ne fut jamais né sans cette corruption inhérente. C'est l'infection de notre nature.

John Wesley, prédicateur et écrivain du 18e siècle, prêcha un sermon sur le péché originel. Il dit que le grand but de la religion chrétienne est de renouveler nos cœurs à l'image de Dieu. Il s'agit de la justice et la vraie sainteté que nous avons perdues à cause de la chute de nos premiers parents. Il nous faut connaître notre maladie ! Nous devons connaître notre remède ! Nous sommes nés dans le péché : donc, nous devons « naître de nouveau », naître de Dieu. Par notre nature, nous sommes entièrement corrompus ; mais par la grâce, nous serons complètement restaurés. « Et comme tous meurent en Adam, de même aussi tous revivront en Christ » (1 Corinthiens 15.22).

Cependant, nous ne devrions pas insister trop fortement sur la dépravation totale de l'homme. L'image de Dieu ne fut jamais entièrement effacée par le péché et la chute de l'homme. Les capacités merveilleuses même de l'humanité déchue rendent témoignage de ce fait. Dans le sermon de Wesley « Travailler à votre salut », il dit : « Il n'y a aucun homme, à moins qu'il n'ait éteint l'Esprit, qui est entièrement vide de la grâce de Dieu. » Le Dr James Chapman, surintendant général décédé de l'Église du Nazaréen, a décrit la dépravation totale de cette façon : « C'est la tâche du péché imprimée sur chaque partie de la personnalité de l'homme. » Il raisonna que par la grâce prévenante de Dieu, le désespoir complet de la malédiction du péché est évité.

À moins que nous ne voyions la grandeur de la rébellion de l'humanité contre Dieu, comme elle est rapportée ici dans le livre de la Genèse, nous ne pouvons pas comprendre complètement la rédemption qui est la nôtre grâce à Jésus-Christ notre Seigneur.

Car, si par l'offense d'un seul il en est beaucoup qui sont morts, à plus forte raison la grâce de Dieu et le don de la grâce venant d'un seul homme, Jésus-Christ, ont-ils été abondamment répandus sur beaucoup. ... Ainsi donc, comme par une seule offense la condamnation a atteint tous les hommes, de même par un seul acte de justice la justification qui donne la vie s'étend à tous les hommes. (Romains 5.15, 18).

Question à discuter

Que pouvez-vous faire en tant qu'individu concernant la dépravation ?

III. LE JUGEMENT DU PÉCHÉ
Genèse 3.14-24

A. « L'Éternel dit au serpent » — Genèse 3.14-15

Il est impensable qu'un Dieu saint ne fasse rien à l'égard du péché de l'homme. Un jugement fut prononcé. La discipline divine est d'abord prononcée au serpent.

> *Puisque tu as fait cela, tu seras maudit entre tout le bétail et entre tous les animaux des champs, tu marcheras sur ton ventre, et tu mangeras de la poussière tous les jours de ta vie. Je mettrai inimitié entre toi et la femme, entre ta postérité et sa postérité : celle-ci t'écrasera la tête, et tu lui écraseras le talon ». (Genèse 3.14-15)*

Le serpent devait souffrir une grande honte et un conflit continu.

B. « Il [Dieu] dit à la femme » — Genèse 3.16

La punition d'Ève comprit la peine et la soumission. Dieu lui dit : « J'augmenterai la souffrance de tes grossesses, tu enfanteras avec douleur, et tes désirs se porteront vers ton mari, mais il dominera sur toi » (3.16). Aujourd'hui, dans les cultures non chrétiennes, la malédiction du péché concernant la soumission des femmes se voit clairement. Cependant, là où le message de l'Évangile est accepté, nous voyons l'atténuation de la sujétion du péché et l'exaltation des femmes.

C. « Il [Dieu] dit à l'homme » — Genèse 3.17-19 ; 22-24

La punition d'Adam eut trois points : le labeur difficile, la mortalité et l'exil du jardin d'Éden. Bien que l'homme ait labouré avant la malédiction du péché, il doit maintenant travailler avec les épines, les ronces et les mauvaises herbes, sa mortalité est indiquée clairement dans le verset 19 : « Car tu es poussière, et tu retourneras à la poussière ». La honte finale fut être enlevée du jardin Éden qui a été le premier foyer glorieux de l'homme.

Question à discuter

Est-ce que les punitions d'Adam et d'Ève ont leurs mêmes valeurs en-core aujourd'hui ?

IV. LES PREMIERS MOTS DE LA GRÂCE

Genèse 3.15

« La grâce a surabondé » – Romains 5.20

En terminant l'étude d'aujourd'hui, nous revenons à considérer brièvement la Genèse 3.15. À travers le désespoir profond, la lumière de Dieu brille. Nous voyons dans ce verset la première promesse d'un Sauveur. Dieu dit au serpent : « Je mettrai inimitié entre toi et la femme, entre ta postérité et sa postérité : celle-ci t'écrasera la tête, et tu lui blesseras le talon. » Grâce à Christ, la postérité de la femme, la victoire sur Satan est assurée.

Or, la loi est survenue pour que l'offense abondât, mais là où le péché a abondé, la grâce a surabondé, afin que comme le péché a régné par la mort, ainsi la grâce régnât par la justice pour la vie éternelle, par Jésus-Christ notre Seigneur. (Rom. 5.20-21)

Question à discuter

Quelle est la réelle signification de « la grâce a surabondé » ?

Leçon 5

OÙ EST TON FRÈRE ?

PASSAGE BIBLIQUE
Genèse 4.1-16

VERSET À RETENIR
« Tu aimeras le Seigneur, ton Dieu, de tout ton cœur, de toute ton âme, et de toute ta pensée. … Tu aimeras ton prochain comme toi-même » (Matthieu 22.37-39).

BUT DE LA LEÇON
Nous aider à voir qu'une juste relation avec Dieu comprend une juste considération pour les autres gens.

INTRODUCTION
Nous avons étudié, dans notre leçon précédente, la responsabilité de l'humanité envers Dieu. Aujourd'hui, nous allons considérer la responsabilité d'une personne envers une autre. L'histoire de la chute dans le chapitre 3 de la Genèse nous parle de l'origine et de la punition du péché.

L'étude d'aujourd'hui, à partir du chapitre 4, nous montre la cause du conflit dans la vie humaine. Nos premiers parents échouèrent dans leur relation avec Dieu. Leur fils, Caïn, échoua dans sa relation avec son frère Abel. Le premier péché fut la rébellion ; le second fut le mépris des lois de Dieu. Le péché d'Adam fut contre Dieu ; celui de Caïn fut contre l'homme. La première question que Dieu posa à l'homme fut : « Où es-tu ? » La deuxième fut ; « Où est ton frère ? »

La tragédie du chapitre 3 eut une grande portée. Le péché n'a pas seulement corrompu nos premiers parents, il a corrompu leur postérité et a mis la haine dans le cœur de l'homme contre son frère. Le péché ne peut être isolé ; il corrompt les relations de base durant toute notre vie.

L'étude d'aujourd'hui nous encourage à savoir que Dieu a la réponse à la rébellion dans le cœur de l'homme et à la haine qui se trouve entre les gens. Une juste relation avec Dieu est nécessaire avant que nous ne puissions justement regarder notre prochain. Le verset à retenir rend cette vérité claire : « Tu aimeras le Seigneur, ton Dieu, de tout ton cœur, de toute ton âme, et de toute ta pensée. ... Tu aimeras ton prochain comme toi-même » (Matt. 22.37-39). Ces deux commandements sont inséparables. Seuls ceux qui aiment Dieu peuvent être vraiment conscients de leur responsabilité totale envers les autres.

Pour l'étude d'aujourd'hui, nous allons utiliser l'esquisse suivante :

I.   Deux frères ; deux offrandes – Genèse 4.1-5

II. Le premier meurtrier – Genèse 4.6-10

III. Le jugement de Dieu – Genèse 4.11-16

IV. Les chrétiens responsables

I. DEUX FRÈRES – DEUX OFFRANDES
Genèse 4.1-5

A. Les deux fils – Genèse 4.1-2

Le chapitre 4 de la Genèse s'ouvre avec la promesse d'un jour meilleur pour Adam et Ève. Leur péché eut pour conséquence la perte de leur foyer dans le jardin d'Éden. Cependant, ils trouvèrent de la grande joie dans la naissance de leurs enfants. Ève, en rendant des actions de grâce à la naissance de Caïn, dit : « J'ai formé un homme avec l'aide de l'Éternel » (Genèse 4.1). Elle pensa probablement que son premier-né fut l'accomplissement de la promesse rédemptrice de la Genèse 3.15. Le nom de Caïn veut dire « possession ». Le nom du deuxième fils, Abel, veut dire « souffle » ou « fragilité », indiquant le passage rapide de la vie. Le nom qu'Ève donna à son deuxième fils lui montra peut-être sa prise de conscience sur la malédiction que son péché avait placé sur ses enfants. Caïn « fut laboureur », tandis qu'Abel « fut berger » (Genèse 4.2). Les deux fils eurent des occupations enviables.

B. Les deux offrandes – Genèse 4.3-5

Caïn et Abel firent leurs offrandes sacrificielles à Dieu. Ce sont les premiers actes d'adoration mentionnés dans la Bible. Caïn apporta « des fruits de la terre », tandis qu'Abel offrit « une des premiers-nés de son troupeau et de leur graisse » (4.3-4). Dieu accepta l'offrande d'Abel, mais celle de Caïn fut rejetée. Chacun avait offert ce qu'il posséda. Cela semble naturel et juste. Il n'y a pas d'indication dans ce chapitre qu'un type de sacrifice fut moins acceptable que l'autre. La condition divine requise du versement du sang pour la rémission des péchés n'avait pas encore été révélée. Les lois du sacrifice n'avaient pas encore été données.

Pourquoi donc, Dieu rejeta-il l'offrande de Caïn ? Il semble que la réponse se trouve dans le caractère des adorateurs plutôt que dans la qualité de leurs offrandes. Ce ne sont pas les cadeaux extérieurs eux-mêmes, mais c'est la disposition intérieure des personnes qui détermine l'approbation de Dieu. Nos offrandes à Dieu nous représentent vraiment. L'offrande d'Abel fut reçue parce qu'il fut personnellement acceptable. Celle de Caïn fut rejetée parce qu'il eut un mauvais cœur.

L'apôtre Jean déclare que Caïn tua son frère « parce que ses œuvres étaient mauvaises, et que celle de son frère étaient justes » (1 Jean 3.12). L'auteur de l'épître aux Hébreux parle d'une manière similaire. Il écrit que ce fut « par la foi qu'Abel offrit à Dieu un sacrifice plus excellent que celui de Caïn ; c'est par elle qu'il fut déclaré juste, Dieu approuvant ses offrandes » (Hébreux 11.4). Certains savants bibliques croient que l'expression : « Certainement, si tu agis bien » (Genèse 4.7), indique la condition du cœur de Caïn. Évidemment, il n'agissait pas bien avant son sacrifice.

Une chose est certaine. Dieu exige plus que des offrandes sacrificielles. Le prophète Samuel dit en réprimande au roi Saül : « L'Éternel trouve-t-il du plaisir dans les holocaustes et les sacrifices, comme dans l'obéissance à la voix de l'Éternel ? Voici, l'obéissance vaut mieux que les sacrifices, et l'observation de ta parole vaut mieux que la graisse des béliers » (1 Samuel 15.22). Cette vérité se voit souvent dans les messages des prophètes (voyez Amos 5.15 ; Michée 6.8 ; Ésaïe 1.17 et Jérémie 7.5, 22). Caïn représente le type de ces personnes qui, dans chaque âge, sont religieuses seulement à l'extérieur. Ils possèdent « l'apparence de la piété, mais renient ce qui en fait la force » (2 Timothée 3.5). La colère extrême de Caïn contre Dieu montre clairement que bien qu'il ait fait les cérémonies du sacrifice (Genèse 4.5), son cœur ne fut pas droit.

Comment appliquer 1 Samuel 15.22 dans la vie de tous les jours ?

II. LE PREMIER MEURTRIER

Genèse 4.6-10

A. « Et l'Éternel dit à Caïn » – Genèse 4.6-7

Une crise dans la vie d'un homme ne lui dérobe pas sa foi. Elle révèle simplement sa foi – ou son manque de foi. Dieu, qui était conscient de la voie dangereuse que Caïn empruntait, le traita fidèlement. Il rappela à Caïn que Satan désirait l'avoir. Cependant, ce n'était pas trop tard pour résister au malin et aux dangers qui menaçaient son âme. Dieu lui dit : « Certainement, si tu agis bien, tu relèveras ton visage, et si tu agis mal, le péché se couche à la porte, et ses désirs se portent vers toi : mais toi, domine sur lui » (Genèse 4.7). À moins que nous n'amenions notre péché à Dieu, il se couche à la porte comme une bête sauvage, prêt à nous dévorer.

Un être humain peut-il maîtriser te péché ? Il y a plus que ce message à dire au monde : « Le péché se couche à la porte, … mais toi, domine sur lui. » Si nous n'avons aucun évangile à prêcher, l'emprise du péché sur nous est sûre. Cependant, ce que Dieu commande, il nous rend capable de le faire. Donc, il nous a pourvu un rédempteur afin que nous puissions remporter la victoire sur nos tentations et nos péchés. « Si nous confessons nos péchés, il est fidèle et juste pour nous les pardonner, et pour nous purifier de toute iniquité » (1 Jean 1.9).

B. « Et [il] le tua » – Genèse 4.8

Caïn refusa d'écouter l'avertissement de Dieu. La jalousie et la haine le poussèrent à commettre un meurtre. Pendant que Caïn parlait avec son frère, il réfléchissait sur ses plans pour le tuer (4.8). Ne permettez pas à la disposition de Caïn, dans votre for intérieur, de vous pousser à commettre des actes pécheurs. Permettez au rédempteur promis, Jésus-Christ, de détruire les mauvaises dispositions de votre cœur.

Le premier meurtre fut commis juste après une cérémonie religieuse. Caïn tua son frère quand le service d'adoration fut fini. Alors, quand nous retournons chez nous après nos services d'adoration, quelle est la valeur de chanter les hymnes de l'Église, de notre étude de la Bible, ou du sermon écouté ? Les gens peuvent voir la valeur de notre adoration religieuse quand ils voient comment nous agissons à l'extérieur de l'église.

C. « Suis-je le gardien de mon frère ? » – Genèse 4.9

Dieu trouva Caïn très tôt et lui demanda : « Où est ton frère ? » Caïn répondit par un mensonge : « Je ne sais pas. » Puis, il posa cette question : « Suis-je le gardien de mon frère ? » (4.9). La réponse vint rapidement et clairement. Oui, nous sommes les gardiens de nos frères et sœurs. Le jugement qui suivit ne laissa aucun doute (Genèse 4.11-16). Nous aussi, nous sommes responsables pour notre influence sur la vie de notre prochain et pour les occasions de faire le bien aux corps et aux âmes des hommes.

Cela est la vérité solennelle de la parabole de Jésus au sujet du jugement. Le roi est représenté comme disant à ceux qui sont à sa gauche :

Car j'ai eu faim, et vous ne m'avez pas donné à manger ; j'ai eu soif, et vous ne m'avez pas donné à boire ; j'étais étranger, et vous ne m'avez pas recueilli ; j'étais nu, et vous ne m'avez pas vêtu ; j'étais malade et en prison, et vous ne m'avez pas visité. (Matt. 25.42-43)

De même façon, l'histoire du bon samaritain montre l'intérêt du chrétien pour les autres (Luc 10.25-37).

L'apôtre Jean dit : « Bien-aimés, si Dieu nous a ainsi aimés, nous devons aussi nous aimer les uns les autres » (1 Jean 4.11). L'amour chrétien est premièrement une règle d'action. L'amour chrétien, donné par Dieu, est la qualité d'esprit qui se montre elle-même par un désir de voir la volonté de Dieu accomplie dans la vie de chaque personne. L'amour chrétien comprend aussi notre empressement de faire ce que nous pouvons, afin de voir la volonté de Dieu accomplie dans les vies individuelles.

Question à discuter

Comment pouvons-nous permettre à Dieu de faire sa volonté dans notre vie ?

III. LE JUGEMENT DE DIEU
Genèse 4.11-16

**A. « Mon châtiment est trop grand pour être supporté » –
Genèse 4.13**

Le jugement de Dieu fut terrible. Caïn devait vivre sur une terre qui ne serait plus productive (Genèse 4.11). Cela fut un sévère jugement pour quelqu'un qui fut laboureur. Il dut être un vagabond errant sur la terre. Son esprit orgueilleux fut brisé par ce dur traitement de Dieu, il s'écria : « Mon châtiment est trop grand pour être supporté. » Ce sont là quelques-unes des paroles les plus tristes de l'Ancien Testament.

B. « Et l'Éternel mit un signe sur Caïn » – Genèse 4.15

Les jugements de Dieu sont toujours tempérés de miséricorde. Quand Caïn fit sa supplication pour de l'aide, Dieu le protégea contre ceux qui voulaient le tuer. Certains ont identifié incorrectement le signe de Caïn avec le commencement du peuple noir. Rappelez-vous que ce signe ne fut pas une malédiction mais un signe spécial de l'amour protecteur de Dieu. La nature de ce signe est incertaine ; mais il démontra le soin providentiel de Dieu.

Question à discuter

Est-ce que Dieu se conduit envers nous aujourd'hui de la même façon qu'il le fit avec Caïn ?

IV. LES CHRÉTIENS RESPONSABLES

« Le gardien de mon frère » – Genèse 4.9

Caïn, en tant que frère aîné, aurait dû protéger son jeune frère ; mais il rejeta sa responsabilité. Les trafiquants de l'alcool et du tabac, ainsi que les trafiquants des stupéfiants, renient aussi leur responsabilité. Ils n'ont aucune conscience ; ils n'ont aucun intérêt à ce qui arrive à ceux qui utilisent leurs produits. Même les accidents de voiture, les maladies, les vies détruites et les foyers brisés n'arrêtent pas le zèle publicitaire de telles opérations. Aucun chrétien ne peut rester sans souci en face de telles tragédies sociales. Les chrétiens dévoués doivent être des citoyens responsables dans n'importe quelle nation qui cherche à détruire le mal qui résulte dans la ruine des vies humaines. Nous sommes appelés à prendre cette voie d'action chrétienne. Nous sommes vraiment « le gardien de notre frère ».

Question à discuter

Quelle doit être la qualité principale de celui qui est le gardien de son frère ?

Leçon 6

L'AVENTURE DE LA FOI

PASSAGE BIBLIQUE

Genèse 12.1-9

VERSET À RETENIR

« C'est par la foi qu'Abraham, lors de sa vocation, obéit et partit pour un lieu qu'il devait recevoir en héritage, et qu'il partit sans savoir où il allait » (Hébreux 18.8).

BUT DE LA LEÇON

Apprendre à travers une étude de l'appel et de la réponse d'Abraham comment Dieu utilise les personnes de foi pour accomplir ses desseins.

INTRODUCTION

Cette leçon est semblable au fait de se tenir debout à la source d'une grande rivière — la rivière de l'action rédemptrice de Dieu dans l'histoire. Commençant avec un homme de la foi, Abraham, la rivière de la grâce de Dieu s'élargit pour comprendre toute la famille d'Abraham, la nation juive, et' éventuellement a atteint chaque continent de la terre. À travers les siècles suivants jusqu'au présent, cette rivière de la rédemption devint plus profonde et plus large à la croix de Jésus au Calvaire.

Genèse, le chapitre 12, nous montre une nouvelle direction distincte dans l'histoire de la rédemption. Dans les chapitres 1 à 11 de la Genèse, nous voyons les commencements de la race humaine, la raison de la rédemption et le péché de l'homme. Dans les chapitres 12 à 50, nous avons les commencements de la rédemption, l'histoire de la promise de la postérité (Genèse 3.15). Dans cette histoire, Abraham joue un rôle significatif. À travers lui, sa famille et sa nation, Dieu aboutit à ses plans rédempteurs pour tous les humains.

Abraham détient une place importante dans l'histoire de la rédemption. Cela est démontré par le fait que dans les 50 chapitres du livre de la Genèse, 14 d'entre eux (11 à 25) traite d'Abraham. Son nom est mentionné plus de 70 dix fois dans le Nouveau Testament. Il fut le seul homme dans l'Ancien Testament à être appelé l'ami de Dieu (Ésaïe 41.8 et 2 Chroniques 20.7). L'apôtre Jacques se réfère à ces passages dans son épître (2.23).

Jusqu'à nos jours, les Arabes appellent toujours Abraham *El-Khalil,* ou l'ami de Dieu. Ce titre est aussi préservé dans le nom moderne pour Hébron, la cité ou Abraham et Sara furent enterrés. Les Arabes l'appellent *El-Khalil er-Rakhman,* « l'ami de Dieu1 », une forme abrégée de « la cité de l'ami de Dieu ».

Abraham est honoré par trois religions. Les Juifs s'appellent eux-mêmes « la postérité d'Abraham ». Les Musulmans l'honorent comme l'un de leurs prophètes. Les chrétiens le respectent comme étant le « père des croyants ». Quand Dieu promit de lui donner un nouveau pays, jamais Abraham ne réalisa qu'un jour trois religions considére-raient la Palestine comme leur « Terre Sainte ». (Notez que le nom d'Abram fut changé en celui d'Abraham et le nom de Sara fut changé en celui de Sara en Genèse 17.5 et 15 ; donc, dans cette leçon, nous allons utiliser ces noms-ci que Dieu leur a donnés.)

Notre plan d'étude est le suivant :

I.   L'appel d'Abraham — Genèse 12.1-3

II.   L'obéissance de la foi — Genèse 12.4-5

III. La persévérance de la foi — Genèse 12.6-9

I. L'APPEL D'ABRAHAM GENÈSE 12.1-3

A. « Va-t'en de ton pays » — Genèse 12.1

Abraham naquit dans la ville païenne d'Ur en Chaldée, au sud de la Mésopotamie, près du Golfe Persique. Cette ville magnifique fut la ca-pitale des Chaldéens et l'une des villes principales de la grande civilisa-tion sumérienne. Bien que les Chaldéens furent bien éduqués et civili-sés, Ur fut une ville abandonnée à l'adoration des idoles.

Plus tard, dans son discours d'adieu aux anciens d'Israël, Josué se réfère à cette idolâtrie du pays natal d'Abraham (Josué 24.2, 15). Bien qu'il ne soit pas certain qu'Abraham lui-même ait adoré des idoles, ses ancêtres l'a fait. La tradition juive nous informe qu'Abraham fut persécuté à cause de son attitude envers l'idolâtrie. Cependant, une chose est claire : Dieu appela Abraham à « quitter » cet environnement païen.

Un changement géographique n'est pas toujours nécessaire afin de plaire à Dieu. Toutefois, une séparation distincte de l'ancienne façon de vivre l'est. Dieu appela Abraham à se séparer lui-même de la famille, des amis et de son pays natal. Dieu ne cacha pas les sacrifices qu'Abraham devait faire pour être fidèle à ses commandements. De même aujourd'hui, tous les liens qui nous attachent au pays et aux parents doivent être déliés et coupés. Le commandement de Dieu est suprême, et les liens qui voudront retenir le chrétien doivent être laissés derrière.

Il y a peu de défi dans une religion facile. Ne lui permettons pas de nous tromper. Ce n'est que lorsque le cœur d'une personne est incité par le vrai amour de Dieu, qu'elle peut considérer tout autre chose comme étant sans valeur. Dans le Nouveau Testament, l'apôtre Paul déclare : « Mais ces choses qui étaient pour moi des gains, je les ai regardées comme une perte, à cause de Christ. Et même je regarde toutes choses comme une perte, à cause de l'excellence de la connaissance de Jésus-Christ mon Seigneur, pour lequel j'ai renoncé à tout, et je les ai regardées comme de la boue, afin de gagner Christ » (Philippiens 3.7-8).

B.   « Et tu seras une source de bénédiction » — Genèse 12.2c

La séparation n'est pas pour l'amour de la séparation. Dieu nous sépare afin qu'il puisse nous utiliser. Dieu dit à Abraham : « Je ferai de toi une grande nation, et je te bénirai ; je rendrai ton nom grand, et tu seras une source de bénédiction » (Genèse 12.2). Cela est la manière selon laquelle Dieu travaille. Les commandements de Dieu ne sont pas toujours accompagnés de raisons ; mais ils sont toujours accompagnés de promesses soit exprimées ou comprises. Il veut bénir notre vie aujourd'hui de façon que nous puissions être une bénédiction pour les autres.

C.   « Toutes les familles de la terre » — Genèse 12.3c

Dieu promit à Abraham un pays (Genèse 12.1), une nation (12.2), et une influence pour le bien à travers le monde (12.3). Nous avons là, dans cette troisième promesse, l'une des grandes déclarations messianiques de toute l'Écriture. Quand Dieu promit à Abraham que toutes les familles de la terre seront bénies en lui, il pensait à son propre Fils, Jésus-Christ (Galates 3.16). Du point de vue humain, Jésus le Messie, fut identifié avec Abraham et le peuple juif. Ainsi Abraham fut honoré d'être, de cette façon, associé avec le plan rédempteur de Dieu dans le don de son Fils.

Cette préparation d'un moyen de bénédiction, à travers un peuple, fut une étape nécessaire à la rédemption. La loi de Dieu seule n'était pas suffisante. Seules la mort et la résurrection de l'Homme-Dieu qui est sans péché pourrait expier le péché de la race humaine. Ce n'est qu'à ce moment-là que la puissance pourrait être rendue disponible pour la restauration de la nature pécheresse humaine à l'image de Dieu.

Question à discuter :

Quelle était la nature de l'appel de Dieu à Abraham ?

II. L'OBÉISSANCE DE LA FOI

Genèse 12.4-5

A. « Abraham partit, comme l'Éternel le lui avait dit » — Genèse 12.4a

Le premier appel de Dieu à Abraham lui vint pendant qu'il demeurait à Ur en Chaldée (Actes 7.2). Avec son père Térach, il émigra à environ 960 kilomètres au nord, à travers le Croissant Fertile, à Charan qui se trouve dans le nord-ouest de la Mésopotamie. Charan, comme Ur, fut une ville païenne. On fit construire là une chapelle qui fut consacrée à une déesse de la lune. Dans cette ville d'idolâtrie, Térach resta et plus tard mourut. Après la mort de Térach, Dieu parla de nouveau à Abraham.

Immédiatement, Abraham obéit à Dieu. « Abraham partit, comme l'Éternel le lui avait dit » (12.4a). Voilà une foi aventureuse — une foi qui obéit malgré les conséquences. « C'est par la foi qu'Abraham, lors de sa vocation, obéit et partit pour un lieu qu'il devait recevoir en héritage, et qu'il partit sans savoir où il allait (Hébreux 11.8). En croyant Dieu, il devint un exemple de la foi pour les générations à venir, et le « père de tous les incirconcis qui croient » (Romains 4.11).

Quelle que soit la signification d'Ur et de Charan pour Abraham, il renonça à tout pour une destination inconnue. Cependant, Abraham était certain qu'il faisait la volonté de Dieu. Abraham sut que la foi et l'obéissance doivent aller de pair. La désobéissance mènerait à la séparation d'avec Dieu, ce qui est beaucoup pire qu'une destination incertaine.

B. « Ils arrivèrent au pays de Canaan » — Genèse 12.5b

Avec grande foi et vision, le pionnier de la foi — âgé de 75 ans — quitta Charan ; et il commença à faire le voyage de 480 kilomètres vers Canaan. Abraham et son épouse Sara, furent accompagnés de Lot, le neveu d'Abraham. Ils prirent avec eux leurs biens matériels (Genèse 13.2) et leurs familles. Nous ne connaissons rien des dimensions de la caravane ni des difficultés de la route à laquelle elle devait faire face comme elle cheminait vers l'ouest. Nous savons qu'ils partirent pour aller dans le pays de Canaan et qu'ils y arrivèrent. La direction de Dieu fut complètement adéquate. Il est toujours digne de notre confiance. Abraham nous montre que la vie de la foi atteint toujours la destination qu'elle cherche.

Question à discuter :

Comment Abraham a-t-il démontré l'obéissance résolue à l'appel de Dieu ?

III. LA PERSÉVÉRANCE DE LA FOI
Genèse 12.6-9

A. « Les Cananéens était … dans le pays » — Genèse 12.6b

Le premier endroit où Abraham s'arrêta dans le pays de Canaan fut les chênes de Moré, près de Sichem, environ 48 kilomètres au nord du site qui, plus tard, devint la ville de Jérusalem. Abraham découvrit bientôt que les Cananéens avaient déjà occupé le pays. Cependant, il ne douta pas de ta direction de Dieu.

Avant longtemps, Dieu assura à Abraham, qu'en dépit des Cananéens païens, ce pays serait le pays d'héritage de sa famille. « Je donnerai ce pays à ta postérité » (Genèse 12.7a). Aujourd'hui les difficultés peuvent nous gêner et l'obéissance peut nous coûter beaucoup ; mais n'ayons pas peur ! Le Dieu qui nous guide jamais n'échoue. Apprenons plus de la vraie foi venant d'Abraham !

B. « Il dressa ses tentes ; il bâtit un autel » — **Genèse 12.8b**

Deux phrases caractérisent la vie d'Abraham — « il dressa ses tentes » et « il bâtit un autel ». La tente fut un symbole du fait qu'il fut un pèlerin et un étranger. Donc, le pays de Canaan fut d'une importance temporaire pour lui.

Il soupira après ce qu'aucun pays terrestre ne pouvait complètement satisfaire. Il « attendait la cité qui a de solides fondements, celle dont Dieu est l'architecte et le constructeur » (Hébreux 11.10). Cela représente l'héritage final du peuple de Dieu.

La construction des autels de pierres fut un symbole de l'aspect permanent de la vie d'Abraham — sa communion avec Dieu. Le premier autel qu'il construisit en Canaan fut près de Sichem, à côté d'un chêne. Plus tard, il se rendit avec son campement à une haute et belle plaine entre Béthel, environ 32 kilomètres au sud de Sichem, et Aï. Ici, de nouveau, il construisit un autel et « invoqua le nom de l'Éternel » (Genèse 12.8c).

Les chrétiens doivent garder dans une claire perspective le temporaire et le permanent. La « tente » représente cette partie de notre vie qui est intéressée aux choses matérielles et corporelles. Elles sont de courte durée et petites en importance en comparaison avec les choses de Dieu. Ses révélations, son adoration et son service sont des choses permanentes. Ce que nous construisons pour Dieu durera ; ce que nous construisons pour nous-mêmes est temporaire comme nous le sommes. De nos jours, quand le sécularisme et le matérialisme ont fait des incursions dans tant de vies, nous ferons bien de faire attention à ces aspects de la vie chrétienne — la tente et l'autel.

Il est intéressant de remarquer que l'autel d'Abraham fut construit à l'intérieur de son campement. Cet autel ne fut pas pour lui-même seul. Lui, en qui toutes les familles de la terre seraient bénies, pratiquait une religion familiale. Puissions-nous apprendre d'Abraham que les autels familiaux donneront à nos enfants un héritage spirituel qui les lieront aux choses éternelles.

Question à discuter :

1. *Qu'est-ce qui caractérisa la vie d'Abraham dans le pays de Canaan?*

2. *Qu'est-ce qui doit caractériser notre vie aujourd'hui ? Comment ?*

Leçon 7

LE PEUPLE DE L'ALLIANCE

PASSAGE BIBLIQUE SUR LA LEÇON
Genèse 17.1-14

VERSET À RETENIR
« Car tu es un peuple saint, pour l'Éternel, ton Dieu ; l'Éternel, ton Dieu, t'a choisi, pour que tu fusses un peuple qui lui appartînt entre tous les peuples qui sont sur la face de la terre » (Deutéronome 7.6).

BUT DE LA LEÇON
Voir comment la foi d'Abraham en la promesse de Dieu a donné pour résultat une race choisie de gens à travers laquelle Dieu œuvra pour le salut de l'humanité.

INTRODUCTION
L'alliance que Dieu fit avec Abraham est au cœur de la révélation de l'Ancien Testament. Elle était une alliance de promesse qui prévoyait son accomplissement. Elle fut à la base du sens unique de la destinée d'Israël et de sa responsabilité dans l'histoire. Par l'intermédiaire d'Abraham et de sa famille, Dieu a accompli son but rédempteur. Cependant, seule une partie de la grande œuvre de Dieu fut accomplie dans et par Israël. À la fin de l'Ancien Testament, le peuple de Dieu attend toujours la venue du Messie.

L'alliance de Dieu avec Abraham n'attendrait son accomplissement complet qu'en Jésus-Christ. « Mais, lorsque les temps ont été accomplis, Dieu a envoyé son fils, né sous la loi, afin qu'il rachetât ceux qui était sous la loi, afin que nous reçussions l'adoption » (Galates 4.4-5). En tant que descendants spirituels d'Abraham, nous sommes aussi héritiers de l'alliance promise. Paul nous rappelle : « Et vous êtes à Christ, vous êtes donc la postérité d'Abraham, héritiers selon la promesse » (Galates 3.29).

La leçon d'aujourd'hui traite principalement de l'alliance de Dieu avec Abraham, comme elle est décrite en Genèse 17.1-8. Cela n'était que l'une d'une série de révélations au sujet de l'alliance. La première déclaration de la promesse traita de l'appel d'Abraham pour quitter le pays de sa naissance. Dieu lui dit : « Je ferai de toi une grande nation » (Genèse 12.2a). Après son entrée dans le pays de Canaan, Dieu lui dit : « Je donnerai ce pays à ta postérité » (Genèse 12.7a).

Après le choix de Lot pour les terres fertiles, la promesse vint de nouveau à Abraham : « Je rendrai ta postérité comme la poussière de la terre » (Genèse 13.14-16). Au chapitre 15 (verset 5), Dieu promit que la postérité d'Abraham serait comme les étoiles du ciel. Treize années après la naissance d'Ismaël, la promesse fut renouvelée (voir Genèse 16.1 — 17.8). Son assurance finale dans la vie d'Abraham vint sur le mont Morija, à la suite de son obéissance de sacrifier Isaac, le fils de la promesse (voir Genèse 22.15-18).

Notre esquisse est la suivante :

I. Le Dieu tout-puissant' — Genèse 17.1a

II. « J'établirai mon alliance entre moi et toi » — Genèse 17.2-6

III. « Et tes descendants après toi » — Genèse 17.7-8

IV. « Le signe de l'alliance » — Genèse 17.9-14

I. « LE DIEU TOUT-PUISSANT »
Genèse 17.1a

A. « L'Éternel apparut à Abraham » — Genèse 17.1a

Quand il quitta Charan, Abraham avait 75 ans. Dieu vint à lui dans une révélation rassurante. Il dit à Abraham : « Je suis le Dieu tout-puissant. » Dans la langue hébraïque, ce titre est *El Shaddai*. Il se trouve six fois dans la Genèse et 31 fois dans le livre de Job. Il vient d'une racine qui veut dire « être puissant » ou « être fort ». Ici, il proclame que Dieu est capable de tenir sa promesse envers Abraham.

Paul eut cette révélation en esprit quand il nous dit qu'Abraham avait « la pleine conviction que ce qu'il [Dieu] promet il peut aussi l'accomplir » (Romains 4.21). Le Dieu tout-puissant est capable de garder ses promesses. Nous pouvons mettre notre confiance en lui sans aucune réserve ou le moindre doute.

B. « Marche devant ma face, et sois intègre » — Genèse 17.1b

Voilà un commandement à vous couper le souffle. Cependant, c'est le commandement de Dieu. Nous devons être saints comme le Dieu saint l'exige. Le Dieu tout-puissant qui nous a créés, nous aide à vivre la vie sainte, en nous donnant toutes les ressources nécessaires.

Dieu seul, qui rend l'âme sainte, peut la préserver dans la sainteté. En une autre occasion, Dieu a dit : « J'aurai les yeux sur les fidèles du pays, pour qu'ils demeurent auprès moi ; celui qui marche dans une voie intègre sera mon serviteur » (Psaume 106.6). Quelques siècles plus tard, Jésus dit : « Soyez donc parfaits, comme votre Père céleste est parfait' (Matt. 5.48).

Le mot « intègre » en Genèse 17.1 est traduit du mot hébreu qui veut dire sans tache, complet, parfait, juste ou sincère. On emploie ce mot pour le caractère de Dieu aussi bien que pour celui de l'homme, ainsi suggérant que l'homme peut ressembler à son Dieu. Les voies de Dieu sont « parfaites », sans blâme, en contraste avec les voies des hommes. Le peuple de Dieu doit être « parfait » ou juste, en contraste avec les non croyants insouciants. Dieu n'exige pas la certitude morale, mais une vraie honnêteté, une loyauté humaine qui démontre sa propre sainteté.

Dans le défi de Dieu à Abraham, nous avons la base pour la justice morale distinctive d'Israël. De telles vies consacrées démontrent la perspective de la sainteté du Nouveau Testament, et cela est l'héritage du peuple de Dieu aujourd'hui. C'est un privilège glorieux de recevoir l'amour omnipotent de Dieu et le pardon infini de l'expiation de Christ. Cette expérience personnelle est accomplie par la puissance purificatrice du Saint-Esprit.

Question à discuter

Quel rôle la réponse d'une personne joue-t-elle dans la relation de l'alliance avec Dieu ?

II. « J'ÉTABLIRAI MON ALLIANCE ENTRE MOI ET TOI »
Genèse 17.2-6

A. « Je te multiplierai à l'infini » — Genèse 17.2b

Ces mots indiquent que l'alliance fut divinement proposée. Tout d'abord, Dieu parla à Abraham au sujet d'une promesse d'une alliance — non pas Abraham à Dieu. Remarquez l'expression de volonté répétée par Dieu :

J'établirai ...

Je te multiplierai ...

Je te rendrai ...

Je ferai ...

J'établirai ...

Je serai ...

Je te donnerai ...

Je serai. » (Genèse 17.2, 6-8).

Ces expressions nous rappellent la vérité glorieuse que la rédemption est l'initiative de Dieu envers l'humanité coupable. Ainsi le psalmiste dit : « Sachez que l'Éternel est Dieu! C'est lui qui nous a faits, et nous lui appartenons ; nous sommes son peuple, et le troupeau de son pâturage » (Psaume 100.3).

Le commencement divin de la rédemption de l'humanité est aussi clairement soulignée dans le Nouveau Testament. L'apôtre Paul écrit. Béni soit Dieu, le Père de notre Seigneur Jésus-Christ, qui nous a bénis de toutes sortes de bénédictions spirituelles dans les lieux célestes en Christ! En lui Dieu nous a élus avant la fondation du monde, pour que nous soyons saints et irréprénsibles devant lui, nous ayant prédestinés dans son amour à être ses enfants d'adoption par Jésus-Christ, selon le bon plaisir de sa volonté, à la louange de la gloire de sa grâce qu'il nous a accordée en son bien-aimé » (Éphésiens 1.3-6).

L'apôtre nous rappelle encore : « Car c'est par la grâce que vous êtes sauvés, par le moyen de la foi. Et cela ne vient pas de vous, c'est le don de Dieu. Ce n'est point par les œuvres, afin que personne ne se glorifie. Car nous sommes son ouvrage, ayant été créés en Jésus-Christ pour de

bonnes œuvres, que Dieu a préparées d'avance, afin que nous les prati-
quions » (Éphésiens 2.8-10 ; voyez aussi Romains 5.6, 8).

B. « Et je te multiplierai à l'infini » — Genèse 17.2b

Dans cette révélation supplémentaire, Dieu assura à Abraham que
la gloire de l'héritage promis ne serait pas perdue. Dans les années in-
termédiaires, il ruina presque tout en ne croyant pas entièrement à
Dieu. Durant son voyage en Égypte afin d'éviter une famine, il faillit
perdre Sara, son épouse (Genèse 12.9 — 13.1). Dans la naissance
d'Ismaël, Abraham essaya de produire à sa manière la postérité promise
par Dieu (Genèse 16). Maintenant, âgé de 99 ans, il était toujours sans
héritier. Et Sara était trop âgée pour espérer être la mère du fils de la
promesse. Malgré tout, l'assurance de Dieu dans l'alliance renouvelée
promit un fils. « J'établirai mon alliance entre moi et toi, et je te multiplierai à l'infini » (Genèse 17.2)

C. « Dieu lui parla » — Genèse 17.3b

« Sois intègre » — cette haute exigence de Dieu pour la vie
d'Abraham est suivie par cette assurance : « Voici mon alliance, que je
fais avec toi ? » (17.4a). Maintenant l'entière implication de l'alliance
saisit la conscience d'Abraham. Il « tomba sur sa face » et Dieu lui parla.
Cela est une image de la communion avec Dieu. Cela démontre clairement que cette alliance est une relation bilatérale — à deux voies.
Toutes les autres loyautés doivent avoir une place moins importante ou
subordonnée. Aucune alliance profane ne doit jamais être considérée.
Maintenant Abraham était uni à Dieu dans une relation d'alliance.

D. « Ton nom sera Abraham » — Genèse 17.5

Ici, une nouvelle phrase entre dans les termes de l'alliance. Le nouveau nom d'Abram est Abraham, qui veut dire « père d'une multitude
de nations ». Cette promesse fut littéralement accomplie. Les douze
tribus d'Israël, les nombreuses tribus arabes, les douze princes d'Ismaël,
et les ducs d'Édom furent tous des descendants raciaux d'Abraham. Cependant, ses enfants spirituels sont le peuple fidèle de Dieu de chaque
nation, dans tous les époques (Romains 4.16-17).

Question à discuter :

Qu'est-ce que l'alliance de Dieu avec Abraham nous dit concernant le commencement divin de la rédemption de l'humanité ?

III. « ET TES DESCENDANTS APRÈS TOI »

Genèse 17.7-8

« Et je serai leur Dieu » — Genèse 17.8c

La relation d'alliance commença avec Abraham, mais elle ne finit pas là. Dieu comprend aussi la famille d'Abraham. « J'établirai mon alliance entre moi et toi, et tes descendants après toi, selon leurs générations : ce sera une alliance perpétuelle, en vertu de laquelle je serai ton Dieu et celui de ta postérité après toi » (Genèse 17.7), Cela pourvu à la base pour le sens de la solidarité familiale qui s'est bien développé parmi le peuple juif depuis le commencement de leur nation jusqu'au temps présent. La relation d'alliance donna aux familles juives quelque chose qui les lia ensemble, de même qu'ils furent liés à Dieu. De la même façon, la foi chrétienne unit les croyants aujourd'hui.

Depuis que Dieu comprit la famille dans la relation d'alliance, cela suggère l'importance de passer la foi de génération en génération. À cet égard, le foyer juif nous donne un exemple remarquable. L'Ancien Testament donna des directives explicites pour les parents de cette époque-là à exprimer clairement les convictions de leur foi religieuse.

Cela est bien exposé en Deutéronome chapitre 6 : « Et ces commandements, que je te donne aujourd'hui, seront dans ton cœur. Tu les inculqueras à tes enfants, et tu en parleras quand tu seras dans ta maison, quand tu iras en voyage, quand tu te coucheras et quand tu te lèveras » (6.6-7). Ainsi, non d'une manière formelle mais d'une manière naturelle, la foi hébraïque fut transmise d'une génération à l'autre. Aujourd'hui, nous ne devrions pas hésiter à instruire nos enfants dans la foi chrétienne. Nous pouvons leur dire, comme le prophète : « Voici le chemin, marchez-ÿ » (Ésaïe 30.21).

Question à discuter :

Qu'apprenons-nous de ce passage au sujet de l'importance de la religion et de la famille ?

IV. LE SIGNE DE L'ALLIANCE

Genèse 17.9-14

L'institution de la circoncision

Voici le commencement d'un rite qui devait jouer une partie importante dans l'histoire d'Israël. Bien que la circoncision des mâles soit déjà connue dans l'Est, Dieu lui donna une signification spéciale et sacrée pour le peuple juif. Ce fut le symbole extérieur d'une acceptation intérieure des demandes morales de Dieu qui sépara Israël d'avec l'adoration et les observances païennes.

La circoncision signifiait la purification du cœur de ce qui était injuste. Pour le Juif pieux, ce fut, en son sens le plus vrai, un sacrement. Son observance démontra une conscience que le participant fit partie du peuple choisi de Dieu. Dans le Judaïsme moderne, parfois ce rite devient seulement une cérémonie traditionnelle. Etienne accusa les dirigeants juifs de son temps d'être « incirconcis de cœur et d'oreilles ! (Actes 7.51a).

Aujourd'hui, le baptême chrétien est le sceau extérieur de la nouvelle alliance de la grâce. Le baptême est le sacrement qui démontre l'acceptation de Christ. Il va au-delà de la circoncision. L'apôtre Paul nous avertit : « Car, en Jésus-Christ, ni la circoncision ni l'incirconcision n'a de valeur, mais la foi qui est agissante par la charité [l'amour] » (Galates 5.6). Il est de même pour le baptême. Ce sacrement doit signifier que nous avons été « circoncis d'une circoncision que la main n'a pas faite, mais de la circoncision de Chris » (Colossiens 2.11). C'est l'engagement intérieur qui donne à la cérémonie extérieure un caractère sacré et significatif.

Question à discuter :

Quelle est la signification du rite de la circoncision ?

Leçon 8

L'ÉPREUVE DE LA FOI

PASSAGE BIBLIQUE SUR LA LEÇON

Genèse 22.1-19

VERSET À RETENIR

« C'est par la foi qu'Abraham offrit Isaac, lorsqu'il fut mis à l'épreuve, et qu'il offrit son fils unique, lui qui avait reçu les promesses » (Hébreux 11.17).

BUT DE LA LEÇON

Voir par une étude de la grande épreuve d'Abraham comment la vraie puissance de notre foi est éprouvée en passant par le creuset de l'adversité.

INTRODUCTION

L'histoire d'Abraham montre la signification et la puissance de la foi. Abraham démontra souvent une confiance en Dieu qui lui assura aussi bien que sa famille une place spéciale dans l'histoire de la rédemption. Lorsqu'il fut appelé à quitter le pays de ses pères, il « obéit et partit sans savoir où il allait » (Hébreux 11.8).

Quand lui et son épouse furent bien avancés en âge et il n'y eut plus d'espoir qu'ils pussent engendrer un fils, Abraham eut confiance en Dieu. Éventuellement, ses descendants devinrent « comme les étoiles du ciel, comme le sable qui est sur le bord de la mer et qu'on ne peut compter » (Hébreux 11.12). Quand il reçut l'ordre de sacrifier Isaac, le fils de la promesse, ii fit face au défi avec une ferme obéissance (Genèse 22.1-19). La leçon d'aujourd'hui traite de ce défi final — et plus grand — à la foi d'Abraham.

La seule scène dans l'histoire qui surpasse ce récit est celui où Dieu le Père donne son Fils unique pour mourir sur la croix. Dieu et Abraham, en tant qu'amis, partagèrent une peine commune. Cependant, l'amour infini de Dieu intervint afin d'arrêter Abraham qui fut en train de sacrifier son fils unique. Dieu épargna à son ami ce qu'il n'épargnerait pas lui-même.

Cette scène sacrée, provenant des siècles passés, parle à notre cœur aujourd'hui. Nous devrions désirer avec ardeur que notre obéissance fût aussi complète que celle d'Abraham, et que notre foi soit aussi ferme que la sienne.

Notre leçon d'aujourd'hui se divise en quatre points :

I. L'épreuve suprême — Genèse 22.1-2

II. Abraham obéit à Dieu — Genèse 22.3-10

III. La récompense de la foi — Genèse 22.11-14

IV. La bénédiction de Dieu sur Abraham — Genèse 22.15-19

I. L'ÉPREUVE SUPRÊME GENÈSE 22.1-2

A. « Dieu mit Abraham à l'épreuve » — Genèse 22.1

Souvent les bénédictions sont suivies par des épreuves. Jésus, après son baptême, fut emmené dans le désert pour être tenté (Matthieu 4.1, Luc 4.1). Abraham « planta des tamaris à Beer-Schéba ; et là, il invoqua le nom de l'Éternel, Dieu de l'éternité » (Genèse 21.33). Tout de suite, après ces nouvelles expériences avec Dieu, nous trouvons ces mots :« Dieu mit Abraham à l'épreuve » (22.1). Dieu ne tente personne (Jacques 1.13), mais Il nous met souvent à l'épreuve. La tentation est conçue pour nous mettre en déroute. Quelquefois, la tentation pousse notre âme à aimer les mauvaises choses. Cependant, passer par le creuset de l'adversité ou être mis à l'épreuve est semblable à la sonnerie retentissante de trompettes, nous appelant à de meilleurs accomplissements.

B. « Prend ton fils » — Genèse 22.2

Un soir, pendant qu'Abraham fut assis sous un chêne dans son campement à Beer-Schéba, Dieu lui parla : « Prends ton fils, ton unique, celui que tu aimes, Isaac ; va-t'en au pays de Morija, et là offre-le en holocauste sur l'une des montagnes que je te dirai » (Genèse 22.2). Ces paroles divines coupèrent comme un couteau. Isaac était le fils de la promesse d'Abraham, la garantie de descendants, l'espérance de la destinée de la nation d'Israël.

Ce défi divin causa un grand conflit à l'âme d'Abraham. Il aima son fils et il crut en la promesse de Dieu à son sujet. Cependant, il semblait que Dieu se contredisait. Il demandait la foi, pendant que son ordre semblait s'opposer à sa promesse. Que faisons-nous quand nous nous trouvons dans un pareil dilemme ? Nous devons faire ce qu'Abraham fit : « C'est par la foi qu'Abraham offrit Isaac, lorsqu'il fut mis à l'épreuve, et qu'il offrit son fils unique, lui qui avait reçu les promesses … Il pensait que Dieu est puissant, même pour ressusciter les morts » (Hébreux 11.17, 19). La seule solution aux contradictions de la vie est : la foi en Dieu et une entière soumission à sa volonté pour notre vie. Des siècles plus tard, Jésus-Christ dit dans le jardin de Gethsémané : « Toutefois, non pas ce que je veux, mais ce que tu veux. »

C. « Et là offre-le en holocauste » — Genèse 22.2b

Abraham reçut l'ordre d'offrir sa possession la plus précieuse sur l'autel du sacrifice. Le vrai ami de Dieu doit garder toute autre amour moins que son amour pour Dieu. Au commandement de Dieu, nous devons être prêts à abandonner les choses les plus chères que nous possédons. En essence, l'épreuve d'Abraham lui exigeait seulement ce que toute vraie religion exige de nous. Christ n'est pas le Maître de notre cœur jusqu'à ce que nous voulions bien lui confier notre possession la plus précieuse à son tendre soin. C'est cela que le jeune homme riche manqua de faire (Matthieu 19.16-22).

Beaucoup de parents sont passés à travers la douloureuse épreuve où ils ont perdu leur seul fils ou seule fille. Peut-être qu'une maladie fatale a enlevé une fille dans sa jeunesse. Ou bien un champ de bataille éloigné ou un accident a enlevé soudainement un jeune fils. Cependant, nous n'avons rien fait pour causer la tragédie. Nous étions simplement appelés à nous confier en Dieu dans ce moment bien douloureux. Mais l'expérience d'Abraham fut différente. Dieu lui demanda de sacrifier son fils, ce qui lui causerait une douleur énorme. Malgré tout, Abraham obéit à Dieu.

Question à discuter :

Pourquoi Dieu demanda-t-il à Abraham de sacrifier son fils de la promesse ?

II. ABRAHAM OBÉIT À DIEU
Genèse 22.3-10

A. « Abraham se leva de bon matin » — Genèse 22.3

La Bible ne dit rien au sujet de la nuit de lutte d'Abraham qui suivit l'appel à sacrifier son fils. Elle nous dit simplement qu'Abraham se leva de bon matin et se prépara pour son voyage. Puis il prit avec lui Isaac et deux jeunes serviteurs. Ce n'était plus qu'une question d'obéissance, la lutte était terminée. Sans paraître peu disposé ou hésitant, Abraham se mit en route. Comme l'apôtre Paul, il ne consulta « ni la chair ni le sang » (Galates 1.16).

« L'expérience de Gethsémané » d'Abraham nous dit beaucoup. Certainement, personne ne peut échapper à quelques-unes des épreuves de la vie. Même Jésus n'échappa pas à son Gethsémané. Le Fils unique de Dieu était et est sans péché, mais Il n'était pas sans la douleur. Alors que toutes les routes mènent à un « Gethsémané », il n'y a que deux routes qui sortent du jardin — la route d'amertume et la route d'enrichissement. Abraham prit la seconde route. Il établit un rapport entre l'ordre divin et la volonté divine. Il sut que les commandements de Dieu n'annulent jamais ses buts ni n'entrent en conflit avec eux. Il prit la voie de la confiance et de l'obéissance. Prenons cette voie aussi dans le « Gethsémané » de notre vie.

B. « Restez ici » — Genèse 22.5a

À peu près 64 kilomètres de paysage rigoureux et montagneux se trouvaient entre Beer-Schéba et le lieu désigné pour le sacrifice. Voyageant à pied, le petit groupe chemina à peu près 32 kilomètres par jour. Le matin du troisième jour (22.4), la région montagneuse, celle de Morija, fut en vue. Le terme Morija fut plus tard utilisé pour la montagne sur laquelle Salomon construisit le Temple (2 Chroniques 3.1). Certains croient que c'est cette montagne où Abraham construisit l'autel et où Isaac fut presque sacrifié.

En s'approchant du pied de la montagne, Abraham dit à ses serviteurs : « Restez ici avec l'âne ; moi et le jeune homme, nous irons jusque-là pour adorer, et nous reviendrons auprès de vous » (Genèse 22.5). Il ne voulut pas que des yeux humains voient son agonie sur la montagne, Comme Christ au jardin de Gethsémané, il voulut être seul à l'heure de sa grande épreuve (Matthieu 26.36). Cependant, Abraham crut que ce sacrifice n'allait pas se terminer par une perte, mais par une victoire. Il s'attendait à voir Isaac retourner avec lui, même si Dieu devait accomplir une résurrection (Hébreux 11.19).

C. « Dieu se pourvoira lui-même de l'agneau » — Genèse 22.8a

Isaac savait qu'un animal était nécessaire pour une victime propitiatoire. Donc, sa question fut naturelle : « Voici le feu et le bois ; mais où est l'agneau pour l'holocauste ? » (Genèse 22.7b). Quelle question pour son Père ! Mais malgré tout, la réponse fut immédiate et directe : « Mon fils. Dieu lui-même pourvoira à l'agneau pour l'holocauste. » Qu'est-ce qu'Abraham voulut dire par cette réponse ? Il parla sans doute au-delà de ce qu'il connaissait. Au-delà de la foi et de l'obéissance, le patriarche parlait prophétiquement, et il se référait à cet Agneau de Dieu, notre Sauveur Jésus-Christ que Dieu le Père pourvoirait comme expiation pour nos péchés. Au temps convenable, Jésus, en tant que l'Agneau de Dieu, ôterait le péché du monde. Isaac fut un type significatif du Sauveur qui devait venir.

D. Il « le mit sur l'autel » — Genèse 22.9c

Nous ne devons pas supposer qu'Isaac fut entièrement passif durant cette expérience. Cependant, il fut soumis à son père et à la volonté de Dieu. Peut-être qu'il protesta fortement, mais nous ne le savons pas. Il aurait pu même résister et saisir le couteau et tuer son père, ou bien fuir de la montagne. Toutefois, comme un vrai exemple de Christ, « il a été maltraité et opprimé, … semblable à un agneau qu'on mène à ta boucherie, … [et] il n'a point ouvert la bouche » (Ésaïe 53.7). Il est clair qu'ici la foi d'Isaac fut impliquée et qu'il fut un sacrifice volontaire.

Question à discuter :

Qu'apprenons-nous au sujet de l'obéissance et de la foi dans ce passage ? (Genèse 22.1-10).

III. LA FOI EST RÉCOMPENSÉE

Genèse 22.11-14

A. « N'avance pas ta main sur l'enfant » — Genèse 22.12a

La main d'Abraham était déjà en l'air et le couteau était prêt. Dieu ne lui fit pas défaut. C'était impensable que Dieu permettrait à Abraham de tuer son fils unique, le fils que Dieu lui avait donné. Nulle part il n'est plus clair que dans cette histoire que nous ne devons pas diviser les Écritures. Au contraire, nous devons considérer l'histoire de la Bible comme un tout — la fin aussi bien que le commencement. Le sacrifice d'Isaac, si Dieu l'avait permis, serait resté dans les Écritures comme une histoire tragique et douloureuse.

L'exigence apparente de Dieu pour un sacrifice humain pourrait altérer la conclusion de ce chapitre. Dieu dit : « N'avance pas ta main sur l'enfant. »

Cela est le décret final. Ainsi, les sacrifices humains furent distinctement défendus. Ce que Dieu voulut vraiment fut la soumission de la volonté d'Abraham à sa volonté. Ce n'était qu'en apparence que Dieu demandait le sacrifice d'une vie. Dieu désirait la loyauté d'Abraham — non pas la vie d'Isaac.

Les sacrifices d'enfants furent une pratique commune au temps d'Abraham. Les Cananéens sacrifiaient leurs enfants en les mettant dans une fournaise ardente. Cette adoration du faux dieu Moloch fut introduite en Israël par le méchant roi Manassé (2 Rois 21.1-9). Cependant, grâce à son intervention à Morija, Dieu fit clairement comprendre à Abraham qu'il n'est pas comme les faux dieux des nations païennes, il n'est pas comme un cruel Moloch, mais un Père Céleste. Il est un Dieu d'amour et de miséricorde. Il hait les pratiques des païens dans leurs sacrifices humains. Cette nouvelle révélation de Dieu fut l'un des plus grands bienfaits de l'épreuve d'Abraham.

B. « L'Éternel pourvoira (Jehova-Jiré) » — Genèse 22.14

Dieu a pourvu à un bélier au lieu d'Isaac comme l'offrande en holocauste. L'expression de la foi d'Abraham à Isaac que Dieu pourvoirait à un sacrifice fut littéralement accomplie (22.8). Dieu est toujours fidèle. Il n'est pas étonnant qu'Abraham nomma le lieu de sacrifice « Jehova-Jiré », qui veut dire « L'Éternel pourvoira » ou « L'Éternel l'accomplira ». La fidélité de Dieu fut le secret de la foi d'Abraham. Et c'est le secret de notre foi aussi. Notre religion sainte dépend de la fidélité de Dieu, de sa véracité absolue.

Question à discuter :

Qu'est-ce qu'Abraham a appris au sujet de Dieu grâce à cette expérience d'avoir été mis à l'épreuve ?

IV.LES BÉNÉDICTIONS DE DIEU À ABRAHAM

Genèse 22.15-19

« Parce que tu as fait cela » — Genèse 22.16b

Combien différent fut le voyage de retour à Beer-Schéba ! Abraham eut son fils, pour ainsi dire, ressuscité de la mort. Il eut aussi la promesse que « toutes les nations de la terre seront bénies en ta postérité, parce que tu as obéi à ma voix » (Genèse 22.18). Tout ce que nous déposons sur l'autel de Dieu nous est redonné en une plus, grande mesure dans cette vie, et dans le monde à venir nous apportera la vie éternelle. L'un des premiers pères de l'Église dit : « Si nous abandonnons tout, nous trouverons tout. » Dans l'Ancien Testament, Abraham est un excellent exemple de cette vérité. Dans le Nouveau Testament, Jésus nous rappelle que Dieu doit avoir la première place dans notre vie. Il nous dit : « Celui qui conservera sa vie la perdra, et celui qui perdra sa vie à cause de moi la retrouvera » (Matt. 10.39). L'entière consécration aboutit dans la bénédiction de Dieu sur notre vie.

Question à discuter :

Quelle nouvelle assurance est donnée à Abraham ?

Leçon 9

UN HOMME RENCONTRE DIEU

PASSAGE BIBLIQUE SUR LA LEÇON
Genèse 28.10-22

VERSET À RETENIR
« Voici, je suis avec toi, je te garderai partout où tu iras » (Genèse 28.15)

BUT DE LA LEÇON
Revoir la fidélité de Dieu et la puissance de sa grâce incomparable.

INTRODUCTION
La Bible a été appelée « le livre d'image de la rédemption ». Dans les trois dernières leçons, nous avons dépeint le portrait d'Abraham, l'ami de Dieu, du livre de la Genèse. Dans cette leçon et celle qui la suit, nous allons étudier Jacob, le fils d'Isaac. Il est l'un des plus mystérieux personnages de l'Ancien Testament. Ses jeunes années furent caractérisées par la tromperie, la tricherie et l'égoïsme. Cependant, Dieu trouva des moyens de changer la nature de cet homme.

Ainsi, Jacob vint tenir une place spéciale dans le plan rédempteur de Dieu pour Israël et pour toute l'humanité. Dieu rencontra Jacob en deux rencontres remarquables — l'une à Béthel et l'autre à Péniel. Il devint un homme de la foi (Hébreux 11.21). Ses 12 fils devinrent les fondateurs de la nation d'Israël. Le peuple hébreu fut appelé « les fils de Jacob » et « les enfants d'Israël » (Genèse 48.49 ; Nombres 24.19).

Jacob fut le plus jeune des fils jumeaux d'Isaac et de Rebecca. Normalement, le fils aîné, Ésaü, devait avoir le droit d'aînesse. Cela veut dire devenir le dirigeant de la famille, recevoir une double portion de la richesse de son père, et hériter les promesses de Dieu à Abraham. Toutefois, avant la naissance des jumeaux, Dieu fit savoir que « le plus grand sera assujetti au plus petit » (Genèse 25.23c).

Comme le temps passait, Jacob et sa mère devinrent anxieux au sujet de l'accomplissement de la promesse de Dieu. Ils manquèrent de foi concernant le pouvoir de Dieu de tenir sa parole sans leur aide ; donc, ils s'en chargent eux-mêmes. Avec l'encouragement de sa mère, Jacob trompa son frère (Genèse 25.29-34) et déçut son père (Genèse 27.1-29). Ce péché tourmenta Jacob et sa mère durant beaucoup d'années.

Notre esquisse pour l'étude d'aujourd'hui est la suivante :

I. La fuite du foyer — Genèse 28.10

II. La bénédiction à Béthel — Genèse 28.11-15

III. La Présence constante — Genèse 28.16-17

IV. Jacob dresse un monument — Genèse 28.18-19

V. Le vœu de Jacob — Genèse 28.20-22

I. LA FUITE DU FOYER GENÈSE 28.10

A. « Jacob partit ... et s'en alla » — Genèse 28.10

Les effets des péchés de Jacob devinrent bientôt apparents. Quelqu'un a dit : « Nous sommes libres de choisir, mais nous ne sommes pas libres de choisir les conséquences de nos choix. » Ces résultats sont déjà prédéterminés par le déroulement des lois morales et spirituelles. L'histoire de Jacob souligne cette vérité. Les paroles : « Sachez que votre péché vous atteindra » (Nombres 32.23) décrivent cette portion de l'histoire de Jacob.

Ésaü se rendit bientôt compte de toute l'importance de la tricherie de Jacob. Il déclara qu'il allait tuer son frère Jacob aussitôt que les jours du deuil de son père seraient terminés (Genèse 27.41). Rebecca décida avec raison que Jacob n'épouserait pas une femme parmi les Cananéennes (Genèse 27.46). Elle s'arrangea pour que son fils parte pour Charan. Jacob put partir avec la bénédiction de son père (Genèse 28.1-5). Cependant, Rebecca ne revit jamais son fils favori. L'exil qu'elle espérait être bref dura 20 ans.

B. Il s'en alla à Charan — Genèse 28.10

Avec son enfance derrière lui, Jacob commença son voyage de Beer-Schéba à Charan. Ce lieu fut le foyer, des parents de sa mère, et une fois la résidence d'Abraham. Le voyage entier est d'une distance d'environ

960 kilomètres. Le premier et seul arrêt significatif sur le chemin fut Béthel, située à 99 kilomètres au nord de Beer-Schéba. Ici, au milieu de la Palestine, se trouva ce « certain lieu » où Jacob passa une nuit mouvementée qui changea sa vie à jamais. Là, Jacob rencontra Dieu.

Question à discuter :

Discutez cette phrase : « Nous sommes libres de choisir, mais nous ne sommes pas libres de choisir les conséquences de nos choix. »

II.LA BÉNÉDICTION À BÉTHEL

Genèse 28.11-15

A. « Il eut un songe » — Genèse 28.11-12

Jacob apprit que « la voie des perfides est rude » (Proverbes 13.15). Il n'était pas seulement loin de chez lui, mais aussi loin de Dieu — un exil spirituel. Il prit une pierre dont il fit son chevet (Genèse 28.11), Fatigué de corps et d'esprit, il s'endormit. Il était à la fois un fugitif et un pécheur. Il ne méritait pas la bénédiction divine en réserve pour lui. Toutefois, Dieu connut ses besoins et il vint à Jacob dans un songe. Le voyageur endormi vit « une échelle [qui] était appuyée sur la terre, et son sommet touchait au ciel » et « les anges de Dieu montaient et descendaient par cette échelle » (Genèse 26.12).

Quel songe étrange et merveilleux cela fut ! Jacob avait pensé qu'il était seul. Cependant, le désert avait des visiteurs célestes qui le rassuraient. Le songe lui fit porter les yeux vers les cieux où ils le regardaient. Jusqu'à cette heure, il était peu conscient de Dieu et des choses célestes. Il pensait probablement qu'il était en train de quitter la présence du Dieu de son père, quand il laissa la tente de son père. Le songe le convainquit que Dieu était là avec lui, même par cette nuit dans le désert solitaire.

B. « Je suis l'Éternel, le Dieu … de ton père » — Genèse 28.13

En haut de l'échelle se tenait le Dieu d'Abraham et d'Isaac. Il allait être aussi le Dieu de Jacob. Dieu répéta et renouvela l'alliance qu'il avait faite d'abord avec Abraham et puis avec Isaac. Dieu promit à Jacob une terre (28.13b), une nation (28.14), et une influence pour le bien à travers le monde (28.14b). Il devait aussi être un homme avec une destinée spirituelle unique.

C. « Je suis avec toi » — Genèse 28.15a

Dieu donne à Jacob une triple assurance : sa présence, « Je suis avec toi », sa protection, « Je te garderai partout où tu iras », et sa puissance de préservation, « Je te ramènerai dans ce pays ; car je ne t'abandonnerai point, que je n'aie exécuté ce que je te dis » (28.15). La première rencontre de Jacob avec Dieu était l'importante crise initiale dans sa vie spirituelle.

Cette leçon est pour nous aussi bien que pour Jacob. Il y a une solution pour nos péchés ; il y a un moyen par lequel nous pouvons gagner le ciel. Dieu a une échelle de son salut abondant qui descend du ciel et atteint le plus grand besoin de l'humanité perdue. Cette échelle est Jésus-Christ, une échelle qui nous mène de la terre au ciel. En lui, vous et moi trouvons un amour qui nous accepte juste comme nous sommes, dans n'importe quelle condition. Quelque déprimés et rejetés que nous soyons, quelque tristes et coupables que nous soyons, son amour s'étend tendrement à nous. Si nous le lui permettons, il peut nous restaurer la sainteté et la vie, et son amour révèle la gloire la plus élevée du ciel et de Dieu.

Question à discuter :

Quelle était la signification du songe de Jacob à Béthel ?

III. LA PRÉSENCE CONSTANTE
Genèse 28.16-17

A. « L'Éternel est en ce lieu » — Genèse 28.16

Quand il s'éveilla de son songe, Jacob découvrit que Dieu était toujours là avec lui. Il n'était pas venu dans son songe pour l'abandonner ensuite. Il n'est pas étonnant que Jacob déclara : « Certainement, l'Éternel est en ce lieu, et moi, je ne le savais pas ! » Dieu n'est pas limité au campement de son père à Canaan ou aux lieux d'adoration d'Abraham et d'Isaac. La connaissance de Jacob alla au-delà des traditions de ses pères ; dès lors, il sut dans son for intérieur que Dieu est partout. La vieille religion n'était pas suffisante pour les besoins de Jacob et elle ne suffit pas à nos besoins aujourd'hui.

B. « Il eut peur » — Genèse 28.17a

Sans doute Jacob se sentait comme plus tard Moïse l'était devant le buisson ardent. Lui, comme Moïse, savait qu'il était sur une « terre sainte ». La terre a été rendue sainte par la présence divine. Jacob dit avec révérence : « Que ce lieu est redoutable ! C'est ici la maison de Dieu, c'est ici la porte des cieux ! » (28.17b). Pour la personne qui connaît vraiment Dieu, les cieux ne sont pas loin.

Question à discuter :

Qu'apprit Jacob au sujet de la présence de Dieu ?

IV. JACOB DRESSE UN MONUMENT
Genèse 28.18-19

« Il prit la pierre … il la dressa pour monument » — Genèse 28.18

La pierre, que Jacob utilisa comme chevet pendant la nuit, fut dressée comme monument, représentant sa rencontre avec Dieu. Il versa de l'huile sur son sommet, la consacrant ainsi à l'adoration de Dieu. Des années plus tard, quand Jacob fut sur son lit de mort en Égypte, le souvenir de cette expérience à Béthel l'inspirait toujours. Il se dressa et dit : « Le Dieu tout- puissant m'est apparu à Luz, dans le pays de Canaan, et il m'a béni » (Genèse 48.3).

Le lieu où Jacob rencontra Dieu devint une place spéciale pour lui, de même que les humbles autels où plusieurs d'entre nous ont trouvé Dieu sont des endroits spéciaux pour nous. Combien nous sommes reconnaissants pour les lieux comme Béthel dans nos vies, où nous avons rencontré notre rédempteur face à face !

Question à discuter :

Quelle est la signification du monument de Jacob ?

V. LE VŒU DE JACOB
Genèse 28.20-22

A. « Si Dieu est avec moi » — Genèse 28.20a

Certains ont pensé au vœu de Jacob comme s'il négociait avec Dieu. Si Dieu le bénissait, il ferait quelque chose pour Dieu. D'autres croient que le mot si devrait être traduit par puisque. Ils croient que le vœu de Jacob cherche à spécifier de nouveau et à reconnaître les promesses divines qui lui étaient données (28.15). Puisque Dieu avait promis d'être avec lui, Jacob promettait alors d'engager sa loyauté et sa fidélité à l'Éternel. Il accepte la volonté de Dieu pour sa vie, et désigne Béthel comme un lieu d'adoration. Il promet aussi de donner pour l'œuvre de Dieu un dixième de tout ce que Dieu lui donnerait.

B. « Je te donnerai la dîme » — Genèse 28.22b

La rencontre personnelle de Jacob avec Dieu changea l'égoïsme qui avait auparavant caractérisé sa vie. Avant cela, il était intéressé en ce qu'il pouvait obtenir. Après cette rencontre, il était aussi concerné au sujet de donner. Il accepta sans hésitation sa responsabilité comme intendant de ce que Dieu lui avait confié. Il vit Dieu comme le donateur et le soutien et comme le propriétaire de toutes ses possessions. Donc, Jacob engagea un dixième de ses biens pour la cause de Dieu.

Quelqu'un a dit que l'intendance commence avec le premier commandement : « Tu aimeras l'Éternel, ton Dieu, de tout ton cœur, de toute ton âme et de toute ta force » (Deutéronome 6.6). Jacob dut rencontrer Dieu et l'aimer avant d'avoir une ferme base concernant l'intendance. Dieu n'est pas intéressé en premier lieu ni dans nos autels ni dans nos dîmes. Avant tout, il nous veut. Puis, la dîme montre notre amour et notre loyauté envers Dieu. On a dit que l'intendance est ce qu'un homme fait après qu'il a dit : « Je crois ».

Donner la dîme, cependant, c'est simplement un point de départ dans notre intendance chrétienne. La dîme ouvre seulement la porte afin de donner plus généreusement, nous menant à la vie abondante d'intendance. Certainement, nous ne devrions pas donner moins que Jacob à Bethel, en ce qui concerne la dîme de nos jours. L'amour de Dieu peut nous pousser à faire plus, à accepter notre entière responsabilité chrétienne au sujet de notre temps, de nos talents, et de notre argent.

Question à discuter :

Comment expliquez-vous le vœu de Jacob ?

Leçon 10

LA LUTTE ET LA VICTOIRE

PASSAGE BIBLIQUE SUR LA LEÇON
Genèse 32.1 — 33.15

VERSET À RETENIR
« Humiliez-vous donc sous la puissante main de Dieu, afin qu'il vous élève au temps convenable » (1 Pierre 5.6).

BUT DE LA LEÇON
Voir par une étude de la victoire spirituelle de Jacob comment la puissance de Dieu peut changer nos vies.

INTRODUCTION

Dans la leçon précédente, nous avons remarqué la fuite de Jacob à cause de la colère de son frère Ésaü. Le frère fugitif pensait qu'il allait passer « quelques jours » chez son oncle Laban à Charan (Genèse 27.44) ; cependant, ces « quelques jours » se changèrent en années. En fait, 20 longues années passèrent avant la réconciliation de Jacob et d'Ésaü. (Genèse 33).

L'histoire de ces années à Charan est l'une des plus intéressantes dans toute la littérature. C'est une histoire d'amour — d'amour pour la belle Rachel. Jacob consentit à travailler sept ans pour son oncle afin de gagner Rachel comme son épouse. Son oncle Laban le trompa et lui donna Léa sa fille aînée pour épouse, et Jacob dut travailler sept années de plus afin d'avoir l'épouse de son choix.

C'est une histoire de succès — le succès de Jacob. Avec des plans habiles et des années de travail, il rassembla de la richesse dans ses troupeaux, et ses possessions furent plus grandes que celles de son oncle. C'est aussi une histoire de lutte entre deux êtres très intelligents. Jacob et son oncle se ressemblaient par le tempérament. Le récit de la vie de Jacob en Charan nous est donné en Genèse chapitres 29 et 30.

Cependant, les années plein d'événements à Charan n'avaient pas détruit l'amour de Jacob pour Canaan. Son cœur soupirait après le pays de ses pères. Il pressa son oncle Laban disant : « Laisse-moi partir, pour que je m'en aille chez moi, dans mon pays » (Genèse 30.25). Plus tard, il reçut l'ordre et l'assurance divins : « Retourne au pays de tes pères et dans ton lieu de naissance, et je serai avec toi » (Genèse 31.3). Le récit intéressant du départ de Jacob avec sa famille et ses possessions est raconté dans le chapitre 31.

À vrai dire, cette leçon s'intéresse en premier lieu à la lutte spirituelle et peu commune de Jacob, et à sa victoire au gué de Jabbok. Cette deuxième rencontre personnelle avec Dieu nous est rapportée au chapitre 32.

L'esquisse suivante est le plan de notre étude d'aujourd'hui :

I.   La menace d'Ésaü — Genèse 32.1-21
II. Face à face avec Dieu — Genèse 32.22-26
III. « Quel est ton nom ? » — Genèse 32.27-32
IV. Face à face avec Ésaü — Genèse 33.1-15

I. LA MENACE D'ESAÜ GENÈSE 32.1-21

A. « Et des anges de Dieu le rencontrèrent » — Genèse 32.1

Jacob, libéré de ses occupations chez son oncle, se mit en route vers Canaan. Jacob venait de surmonter une grande difficulté. Toutefois, il dut bientôt faire face à une autre qui fut beaucoup plus grave. Il lui fallait passer à travers Édom qui était le pays de son frère Ésaü. Jacob savait que la colère de son frère pouvait durer, peut-être même s'intensifier au cours des années, attendant la vengeance.

Des craintes saisirent le cœur de Jacob. Cependant, quand il eut besoin d'aide, « les anges de Dieu le rencontrèrent » dans les coins perdus du désert. Ils s'étaient manifestés auparavant — à Béthel (Genèse 28.12), à Charan (31.11) — et maintenant près de la frontière d'Édom. Jacob crut que les anges vinrent le rassurer de l'accomplissement prochain du plan divin dans sa vie (Genèse 28.15).

Grande est la fidélité de notre Dieu ! Il ne manqua pas à ses engagements envers Jacob dans son heure de besoin. Et il fera de même pour nous. Combien de fois, quand le chemin de notre vie est dur, ne vient-il pas à nous afin de satisfaire nos besoins !

B. « Jacob envoya … des messagers » — Genèse 32.3a

Jacob envoya devant lui des messagers à Ésaü, son frère. Il espérait l'apaiser pour sa tromperie des années auparavant. Il envoya un rapport de ses richesses (32.5) afin qu'Ésaü puisse savoir qu'il n'avait aucune intention de s'emparer de ses possessions. Dans le passé, Jacob avait fait cela. Cependant, Ésaü ne fit aucun signe de paix. Les messagers retournèrent vers Jacob avec le rapport qu'Ésaü marchait à sa rencontre avec 400 hommes (32.6). Il n'est pas étonnant que « Jacob fut très effrayé, et saisi d'angoisse » (Genèse 32.7). Il semble que maintenant Jacob allait souffrir à cause de ses mauvaises actions du passé. La peur de Jacob ne bloque pas son habileté. Il divisa immédiatement son peuple en deux camps, espérant sauver au moins la moitié de sa caravane.

C. « Dieu de mon père » — Genèse 32.9a

D'abord Jacob fit des plans et des intrigues, et puis il invoqua Dieu. Les intrigues de Jacob précédèrent ses prières. Il dépendait toujours de lui-même. Avant que nous ne soyons trop critique de ce serviteur de Dieu, soyons certains que nous « cherchons premièrement » le royaume de Dieu dans notre vie. Trop souvent notre confiance est dans nos propres habiletés et capacités. Puissions-nous apprendre à avoir de plus en plus confiance en Dieu et en son Fils Jésus-Christ.

Question à discuter :

Que nous apprend Jacob au sujet de la confiance en Dieu ?

II. FACE À FACE AVEC DIEU
Genèse 32.22-26

A. « Jacob demeura seul » — Genèse 32.24

Jacob avait fait des plans et il pria. Il s'était séparé de ses femmes, de ses enfants et de toutes ses possessions. Quand il fut seul, « un homme » apparut et « lutta avec lui jusqu'au lever de l'aurore ». De cette lutte surgit une nouvelle victoire spirituelle. À travers les années, Dieu essaya d'obtenir de Jacob une entière confiance en lui et de porter Jacob à mourir au moi. La lutte fut une tentative de la part de Dieu afin de briser l'opposition de Jacob. Dieu voulut que Jacob puisse s'humilier et abandonner la confiance en lui-même. Alors, Jacob pourrait savoir comment établir la paix entre lui et Ésaü, et comment Canaan pourrait être obtenu. Ce ne fut pas par l'habileté de Jacob que ces choses arrivèrent, mais par la grâce et la puissance divine.

B. « Je ne te laisserai point aller » — Genèse 32.26b

La lutte de cette nuit-là au gué de Jabbok eut un double aspect : Dieu lutta avec Jacob et Jacob lutta avec Dieu. Cela représente une lutte merveilleuse entre Dieu et l'humanité. Toutes les opérations de Dieu avec nous — dans les pressions de la vie — sont ses luttes divines avec notre moi, notre volonté et notre mondanité. De cette manière, il veut que nous apprenions à choisir ce qui est spirituel au lieu de ce qui est naturel ou charnel.

L'homme prouva en touchant l'emboîture de la hanche de Jacob qu'il pourrait facilement remporter la victoire s'il ne s'agissait que d'une épreuve de force. Cependant, Dieu se contraignit, comme il le fait toujours, en luttant avec nous, mais sans nous forcer. Il désire nous bénir d'une façon telle que notre volonté puisse rester libre. De même qu'avec Jacob, Dieu « lutte » toujours avec les cœurs humains afin, qu'en retour, ils viennent volontairement à lui. Chaque personne devrait crier : « Je ne te laisserai point aller, que tu ne m'aies béni » (32.26b).

C. « L'emboîture de la hanche de Jacob se démit » — Genèse 32.25

Le lutteur mystérieux disloqua la hanche de Jacob, Jacob était alors au bout de ses forces physiques. Frappé d'une faiblesse paralysante, il se tourna vers Dieu pour la force. Jacob savait que l'homme inconnu était plus qu'un homme. Au-delà de la victoire spirituelle, l'emboîture de la hanche de Jacob lui rappela toujours son expérience à Péniel. Et ses descendants se sont souvenus aussi de ce symbole de la rencontre de Jacob face à face avec Dieu (Genèse 32.32).

Question à discuter :

Quelle fut la raison principale de la lutte spirituelle de Jacob ?

III. « QUEL EST TON NOM »
Genèse 32.27-32

**« Ton nom ne sera plus Jacob, mais tu seras appelé Israël » —
Genèse 32.28**

Le lutteur divin posa une question pénétrante : « Quel est ton nom » (32.27). Cette question veut dire : « Quelle est votre vraie nature ? » Jacob dut confesser : « Je suis Jacob — un supplanteur, menteur, trompeur. » Puis le lutteur déclara : « Ton nom ne sera plus Jacob, mais tu seras appelé Israël ; car tu as lutté avec Dieu et avec des hommes, et tu as été vainqueur » (32.28). Le nom de Jacob ne fut pas changé jusqu'au moment où sa nature fut changée. Avant cela, il n'aurait jamais pu être appelé Israël. Le changement de nature vint dans la lutte quand Jacob — le fier, celui qui a confiance en lui-même — fut soumis et il devint content de s'attacher à Dieu. Donc, le nouveau nom signifia la foi et la confiance en Dieu. Israël représenta un orgueil vaincu, un esprit humble et l'humilité, la force qui vient seulement de Dieu.

La puissance de Dieu pour changer le cœur humain n'est pas limitée aux patriarches de l'Ancien Testament. Nous aussi pouvons trouver un lieu comme Jabbok et confesser notre besoin de délivrance à l'égard de la nature pécheresse. Nous pouvons nous confier en Dieu afin qu'il puisse détruire le vieil moi, la vieille nature, et nous donner un héritage parmi ceux qui sont sanctifiés. Comme l'apôtre Paul, nous pouvons témoigner : « J'ai été crucifié avec Christ ; et si je vis, ce n'est plus moi qui vis, c'est Christ qui vit en moi ; si je vis maintenant dans la chair, je vis dans la foi au Fils de Dieu, qui m'a aimé et qui s'est livré lui-même pour moi » (Galates 2.20).

Question à discuter :

De quelle manière significative Jacob fut-il changé ?

IV. FACE À FACE AVEC ÉSAÜ
Genèse 33.1-15

« Et voici, Ésaü arrivait » — Genèse 33.1a

Devenir droit devant Dieu ne résout pas immédiatement toutes nos difficultés. Cependant, la personne qui est droite devant Dieu possède des ressources qui peuvent l'aider à être vainqueur en face des difficultés. Le matin après son expérience à Péniel, Jacob dut faire face à Ésaü et ses 400 hommes. Bien sûr, le Dieu qui pouvait faire d'un Jacob un Israël avait la puissance d'enlever la haine et l'amertume trouvées dans le cœur d'Ésaü.

Jacob sortit à la rencontre d'Ésaü. « Il se prosterna en terre sept fois » dans l'humilité selon la coutume de son temps. Au lieu de rendre le mal à Jacob, « Ésaü courut à sa rencontre ; il t'embrassa, se jeta à son cou, et le baisa. Et ils pleurèrent (Genèse 33.4). L'amertume et la haine du passé s'étaient évanouies.

La personne qui est droite devant Dieu veut être droite avec son frère aussi. « Et nous avons de lui ce commandement : que celui qui aime Dieu aime aussi son frère » (1 Jean 4.21). Jésus a joint les relations et les responsabilités de la vie à l'amour. En Matthieu 22.37-39 et en Marc 12.29¬31, Jésus a résumé la loi en joignant Deutéronome 6.5 et Lévitique 19.18. L'amour est le plus grand mot dans nos rapports avec Dieu et les autres personnes.

Quelle honte quand une personne dit qu'elle aime Dieu, mais montre la haine envers son frère ! Mais quelle beauté quand l'amour est réciproque. Un tel amour est plus qu'un pur sentiment. Il est plus que l'émotion venant de la bonté humaine. Cet amour existe « parce que l'amour de Dieu est répandu dans nos cœurs par le Saint-Esprit qui nous a été donné » (Romains 5.5). C'est cet amour auquel l'apôtre Paul se réfère dans son « Hymne d'Amour » (1 Corinthiens 13).

Prière : *Oh Dieu, permet que dans nos épreuves nous puissions être en paix avec ceux qui ne sont pas entièrement d'accord avec nous. Donne-nous, nous te prions, cet amour qui t'honore et qui rend toutes les relations de la vie saintes. Amen !*

Question à discuter :

Comment une relation droite devant Dieu peut-elle nous aider dans nos relations avec les autres ?

Leçon 11

QUAND NOUS NOUS DEMANDONS POURQUOI

PASSAGE BIBLIQUE SUR LA LEÇON
Genèse 37.1-36

VERSET À RETENIR

« Ô profondeur de la richesse, de la sagesse et de la science de Dieu !
Que ses jugements sont insondables, et ses voies incompréhensibles ! »
(Romains 11.33).

BUT DE LA LEÇON

Souligner l'importance de la confiance en Dieu dans les moments de
nos épreuves.

INTRODUCTION

Les trois dernières leçons de notre étude sur la Genèse sont basées
sur l'une des plus grandes de toutes les histoires — l'histoire de Joseph,
le fils favori de Jacob. Cette histoire de la Bible ne manque jamais
d'intéresser et les enfants et les adultes. Par exemple, un livre d'histoires
bibliques contient cinq sections sur Joseph. Les titres sont : « Le fils de
l'homme riche qui fut vendu comme esclave », « De la prison au pa-
lais », « Comment le rêve de Joseph se réalisa », « Un frère perdu retrou-
vé », et « Du pays de la famine au pays de l'abondance ».

Nous avons dans l'histoire de Joseph plus qu'un conte intéressant
concernant un patriarche. Nous avons là un rapport sur la manière dont
Dieu se servit de Joseph afin d'accomplir sa volonté. Ce n'est pas donc
par hasard que sur les 50 chapitres du livre de la Genèse, quatorze (37 à
50) sont consacrés aux événements de la vie de Joseph. Sans ce récit,
nous ne pourrions pas comprendre très bien l'histoire du peuple hébreu.
L'histoire de Joseph explique le déplacement d'Israël de Canaan pour
habiter dans les plaines fertiles de Gosen en Égypte.

L'esquisse de notre étude d'aujourd'hui est la suivante :

I.   La situation familiale — Genèse 37.1-4

II. Ces songes troublants — Genèse 37.5-11

III. Le complot contre Joseph — Genèse 37.12-28

IV. Son père pleura pour lui — Genèse 37.29-36

I. LA SITUATION FAMILIALE
Genèse 37.1-4

A. « Voici la postérité de Jacob » — Genèse 37.2

La leçon précédente raconta la victoire spirituelle de Jacob à Péniel et sa réconciliation avec son frère Ésaü. Dans cette leçon, Jacob et sa famille vivent à Hébron, dans le pays de Canaan (37.1). Son épouse bien-aimée, Rachel, est morte, en donnant naissance à Benjamin, le douzième fils (Genèse 35.16-20). Son premier fils, Joseph, a maintenant 17 ans. Bien que les événements qui suivent dans le récit de la Genèse soient au sujet de Jacob et de ses fils, Joseph reste la personne principale.

Il y eut plusieurs tensions dans la famille de Jacob — beaucoup plus que dans son foyer quand il était un jeune garçon. La pratique de la polygamie, les hommes ayant plus d'une femme, fut un facteur de base dans la honteuse division de la famille de Jacob. Joseph et Benjamin furent les fils de Rachel, l'épouse bien-aimée de Jacob. Ruben, Siméon, Lévi, Juda, Issacar et Zabulon furent les fils de Léa. Dan, Nephtali, Gad et Aser furent les fils de deux femmes esclaves. Les 12 fils furent habituellement en désaccord.

B. Il « rapportait … leurs mauvais propos » — Genèse 37.2

Le jeune Joseph passa la plupart de son temps dans les champs faisant le même genre de travail que ses frères. Il était bouleversé par leur méchante attitude lorsqu'ils étaient au-delà du contrôle de leurs parents. Il sentit qu'il devrait raconter leurs méfaits à son père. Il ne fut pas, cependant, simplement un cafard. Sa tendre conscience et son cœur pur ne lui permettait pas d'approuver leurs mauvaises actions en restant en silence. Pourtant, un tel rapport, bien que raisonnable, déplut à ses frères.

C. « Une tunique de plusieurs couleurs » — Genèse 37.3

À cause de son amour pour Joseph, Jacob n'agit pas sagement quand il donna à son fils favori une tunique de plusieurs couleurs. Au lieu du vêtement sans manches que portait l'ouvrier ordinaire, Joseph porta la tunique à manches longues. Cela indiqua qu'il fut une personne spéciale, celle qui serait exempt de travail ordinaire. Ce symbole qui représentait la préférence de Jacob pour Joseph amena ses frères à le haïr. « Ils ne pouvaient lui parler avec amitié » (Genèse 37.4c).

Question à discuter :

Quelles sont les choses qui créent les tensions au sein de la famille ?

II. CES SONGES TROUBLANTS
Genèse 37.5-11

« Joseph eut un songe » — Genèse 37.5

Un autre facteur qui troublait la paix du foyer c'étaient les songes de Joseph. Dans le premier, lui et ses frères travaillaient au milieu des champs. Ils étaient en train de lier des gerbes et le gerbe de Joseph se leva et se tint debout, pendant que les gerbes de ses frères l'entourèrent et se prosternèrent devant elle (37.5-7). Ayant seulement l'entendement d'un jeune garçon, Joseph raconta son songe à ses frères, « et ils le haïrent encore davantage, à cause de ses songes et à cause de ses paroles » (37.8) son deuxième songe comprit son père, Léa, aussi bien que ses frères (37.9). Jacob le réprimanda à cause de son songe, mais il continua à le considérer d'une manière spéciale (37.10-11).

La période de la jeunesse est le moment de songes et de rêves. Les songes de Joseph, cependant, n'étaient pas de songes ordinaires. C'étaient des allusions divines sur ce qui arriverait dans le futur, dans sa vie et celle de sa famille. Environ 23 ans plus tard, ces songes devinrent réalité.

Question à discuter :

Dieu parle-t-il toujours par songes de nos Jours ? Pouvez-vous en donner un exemple ?

III. LE COMPLOT CONTRE JOSEPH

Genèse 37.12-28

A. « Me voici » — Genèse 37.13 *in fine*

Bien que Jacob ne se soit pas rendu compte, il prépara le moyen du complot contre son fils favori. Ses frères aînés se sont rendus à Sichem, à environ 90 kilomètres d'Hébron, pour faire paître le troupeau de leur père. Jacob eut raison de s'intéresser à ses fils et à son troupeau. Il demanda à Joseph de se rendre à Sichem afin de voir « si tes frères sont en bonne santé et si le troupeau est en bon état ; et tu m'en rapporteras des nouvelles » (37.14). Joseph se mit en route immédiatement afin d'accomplir sa mission. Il trouva ses frères à Dothan, à quelques kilomètres au-delà de Sichem, au côté sud de la pente du Mont Gilboa (37.17).

B. « Voici le faiseur de songes qui arrive » — Genèse 37.19

Apparemment, Joseph n'eut aucune idée de ce qui allait se passer pendant ce voyage. Quand ses frères le virent de loin, ils complotèrent de le faire mourir. Ils voulurent mettre fin tout de suite à tous ses songes. Remplis de jalousie et de haine, ces frères furent prêts à tuer Joseph. Si Ruben n'était pas intervenu, ils auraient tué Joseph. Heureusement, les autres frères écoutèrent la suggestion de Ruben. Au lieu d'être tué, le jeune faiseur de songes sera jeté dans une citerne — peut-être l'un des puits de certains bergers de la région qui était vide en ce moment-là. Personne ne pouvait échapper de telles citernes, parce qu'elles étaient larges au fond et étroites en haut. Dans une telle citerne, Joseph mourrait d'une mort plus pénible que celle d'être poignardé ou lapidé. Pourtant, Ruben avait l'intention de le libérer plus tard secrètement (37.22).

Cette histoire tragique illustre clairement la relation entre la condition intérieure du cœur et les actions extérieures. Il n'est pas étonnant qu'un vieux sage déclara : « Garde ton cœur plus que toute autre chose, car de lui viennent les sources de la vie » (Proverbes 4.23) Nous voyons que le péché intérieur de jalousie et d'envie va rapidement vers un acte meurtrier. « Quiconque hait son frère est un meurtrier » (1 Jean 3.15a). Il y a un grand besoin de garder le cœur de toute envie et de marcher dans l'amour.

C. « Ils s'assirent ensuite pour manger » — Genèse 37.25a

Après avoir dépouillé Joseph de sa tunique spéciale, ses frères le jetèrent dans la citerne. Puis, ils s'assirent tout près pour manger. Ils n'étaient pas loin de la citerne, mais ils mirent le bien-être de leur frère à l'arrière-plan de leur pensées, lis se conduisirent comme des hommes cruels, des hommes sans cœur. Avant de condamner trop ces frères, nous devrions considérer l'état de notre propre intérêt spirituel. Nous pouvons voir nos frères et sœurs mourant dans les obscures citernes du péché, et nous passons outre sans compassion. Nous devrions prier pour la compassion telle que possède notre Seigneur, une compassion qui nous poussera à aider toutes les personnes nécessiteuses.

D. « Venez, vendons-le » — Genèse 37.27a

Leur campement à Dothan se trouvait à côté de la route commerciale de Galaad, en Palestine, à travers la Plaine d'Esdraelon jusqu'à l'Égypte. Pendant que les frères de Joseph étaient en train de manger près de la citerne, ils virent une caravane d'Ismaélites s'approchant. Juda eut une idée. Pourquoi ne pas vendre Joseph à ces marchands madianites ? Vendre leur frère comme esclave ne semblait pas être aussi mauvais que de le tuer. Et il y avait cette question de profit à considérer. « Que gagnerons-nous à tuer notre frère et à cacher son sang ? » (37.26). Les frères se mirent d'accord et Joseph fut vendu « pour vingt sicles d'argent aux Ismaélites, qui l'emmenèrent en Égypte » (37.28). Voilà l'une des divers parallèles intéressants que nous voyons dans la vie de Joseph et dans celle de Jésus-Christ. Des siècles plus tard, Jésus fut vendu aussi pour un prix, trente pièces d'argent (Matthieu 26.15).

E. Les marchands madianites emmenèrent Joseph en Égypte — Genèse 37.28

San doute, les frères de Joseph pensèrent que finalement le faiseur de songes n'était plus sur leur chemin. Il ne pourrait plus rapporter leur conduite à leur père. Joseph ne partagerait plus de songes avec eux, et ne s'exhiberait plus devant eux dans sa tunique de plusieurs couleurs. Pendant qu'ils regardaient Joseph partir avec la caravane, ils pensaient qu'il ne leur troublerait plus.

En réalité, ils firent quelque chose qui allait rendre possible plus tard l'accomplissement des songes de Joseph. Ils le vendirent et l'envoyèrent en Égypte, C'était avec de mauvaises intentions qu'ils vendirent Joseph. Cependant, Dieu est capable de prendre la colère des hommes et l'utiliser pour sa louange. Il prit les mauvaises circonstances de la vie de Joseph et les utilisa dans le développement de ses buts (Genèse 45.5-8 ; 50.19-20). Et aujourd'hui, Dieu peut utiliser nos déceptions et nos moments d'épreuve afin de travailler pour notre bien et pour sa gloire.

Question à discuter :

Que nous apprend le complot contre Joseph en rapport avec le mauvais vouloir et la rancune dans notre cœur ?

IV. SON PÈRE PLEURA POUR LUI
Genèse 37.29-36

A. « Ruben revint à la citerne » — Genèse 37.29a

Ruben était absent quand Joseph fut vendu aux Ismaélites. Il retourna à la citerne et vit que Joseph n'y était pas. Il déchira ses vêtements, retourna vers ses frères et dit : « L'enfant n'y est plus ! Et moi, ou irai-je ? » (Genèse 37.29-30). Ruben avait l'intention de sauver Joseph et de le retourner à son père (37.21-22). Maintenant Ruben est frustré dans ses desseins de libérer son frère.

B. « Ils prirent alors la tunique de Joseph » — Genèse 37.31a

Un péché conduit à un autre. Ses frères voulurent vendre Joseph, mais ils n'eurent aucun désir de blesser leur père. Cependant, pour cacher leur mauvaise action, il leur fallut tromper Jacob. Ainsi, ils plongèrent la tunique de Joseph dans le sang d'un bouc et ils ta montrèrent à leur père. Jacob arriva à la conclusion qu'ils espéraient — « une bête féroce l'a dévoré ! Joseph a été mis en pièces ! » (37.33). Leur propre évasion du soupçon fut de peu de réconfort quand ils se rendirent compte de ta peine intense qui empoigna leur père.

C. « Il ne voulut recevoir aucune consolation » — Genèse 37.35

Jacob « déchira ses vêtements, … mit un sac sur ses reins, … et porta longtemps le deuil de son fils » (37.34). Pendant qu'il portait le deuil de Joseph, peut-être qu'il pensait aussi à ses mauvaises actions du passé. Il avait péché particulièrement contre son frère Ésaü, et même contre son propre père. Maintenant Jacob faisait l'expérience des résultats amères de son propre passé coupable. « Ne vous y trompez pas : on ne se moque pas de Dieu. Ce qu'un homme aura semé, il le moissonnera aussi » (Galates 6.7).

Question à discuter :

Que pouvons-nous faire aujourd'hui quand, comme Jacob, une douleur insupportable nous frappe ?

Leçon 12

L'AMOUR QUI PARDONNE

PASSAGE BIBLIQUE SUR LA LEÇON
Genèse 45.1-15

VERSET À RETENIR

« Aimez vos ennemis, bénissez ceux qui vous maudissent, faites du bien à ceux qui vous haïssent, et priez pour ceux qui vous maltraitent et qui vous persécutent, afin que vous soyez fils de votre Père qui est dans les deux ; car il fait lever son soleil sur les méchants et sur les bons, et il fait pleuvoir sur les justes et sur les injustes » (Matthieu 5.44-45).

BUT DE LA LEÇON
Mettre l'accent sur l'esprit du pardon qui vient d'une foi vitale en Dieu.

INTRODUCTION

L'étude précédente se termina avec Joseph, âgé de 17 ans (Genèse 37.2), livré aux mains des marchands madianites. En Égypte, il fut vendu à Potiphar, officier et chef des gardes de Pharaon, le roi de l'Égypte. (Genèse 39.1-6). Le refus de Joseph de se soumettre aux mauvais desseins de la femme de Potiphar eut pour résultat 13 années dans une prison égyptienne (39.7-23). Dans la prison, il interpréta les songes de l'échanson et du panetier de Pharaon, et plus tard des songes de Pharaon lui-même (Genèse 40.1 — 41.36).

À l'âge de 30 ans, Joseph fut établi comme premier ministre de l'Égypte (41.37-45). Tout de suite, il commença sa tâche de préparer pour la venue de la famine de sept années (41.46-57). Il se conduisit d'une manière pénétrante et sage avec ses frères qui vinrent en Égypte deux fois afin d'acheter du blé (42.1 — 44.13). Il écouta la fervente supplication de Juda concernant Benjamin (44.14-34). Dans cette étude, nous voyons Joseph se révélant à ses frères, nous voyons sa bonne volonté de les pardonner, et son tendre amour pour son père âgé (45.1-15).

Joseph fit face triomphalement aux épreuves de la vie. Sa première grande épreuve vint à travers sa famille. Ses frères le haïrent, et il fut exilé dans un pays étranger. Mais aucune amertume ne corrompit son âme ou amoindrit sa loyauté envers Dieu. Sa deuxième crise vint dans la maison de Potiphar ; et il choisit les chaînes de la prison égyptienne au lieu de l'esclavage du péché.

Son épreuve finale, l'épreuve de la richesse, fut le plus sévère de toutes. À l'âge de 30 ans, Joseph fut mis dans une position de prestige, de pouvoir, à côté de Pharaon lui-même. Trop souvent de tels succès portent les hommes à oublier leurs familles, leurs amis, et Dieu lui-même. Cette leçon, cependant, nous raconte que Joseph fut vainqueur aussi dans ce défi final. Il démontra que Dieu eut la première place dans sa vie. Joseph fut peut-être celui qui ressembla le plus à Christ dans l'Ancien Testament.

Les chrétiens dans tous les temps ont trouvé une grande inspiration dans la vie de Joseph. Ils ont découvert qu'au milieu des épreuves et des tentations les plus sévères, il n'est pas nécessaire de chuter. Le Dieu qu'ils servent peut les garder et les rendre plus que vainqueurs.

Notre étude se divise en quatre points principaux :

I. « Je suis Joseph, votre frère » — Genèse 45.1-4

II. « Pas vous … mais c'est Dieu » — Genèse 45.5-8

III. « Hâtez-vous de remonter auprès de mon père » — Genèse 45.9-13

IV. Le pardon pour tous — Genèse 45.14-15

I. « JE SUIS JOSEPH, VOTRE FRÈRE »
Genèse 45.1-4

A. « Joseph ne pouvait plus se contenir » — Genèse 45.1a

Vingt-deux années se sont écoulées depuis que les frères de Joseph l'avaient vendu en esclavage. Il passa treize de ces années en prison. Puis il passa sept années afin d'amasser le blé en réserve contre la famine qui allait venir. Il passa deux autres années à l'administration des ressources amassées. Toutefois, à travers toutes ces années, Joseph aima ses frères. Aussi, ne pouvait-il plus cacher son identité. Cependant, avant de se faire connaître à ses frères, il fit sortir les Égyptiens. Ils ne comprendraient pas les larmes de leur premier ministre, et ils n'avaient pas besoin de savoir les anciennes mauvaises actions de ses frères (45.4).

B. « Je suis Joseph » — Genèse 45.3-4

La révélation d'amour — « Je suis Joseph, votre frère » — amena des souvenirs troublants dans l'esprit de ses frères. Ils restèrent muets — troublés par des pensées du passé, et terrifiés par la possibilité du jugement à venir. Ils avaient jeté Joseph dans une citerne, et le voici maintenant sur un trône. Durant 22 longues années, ils corrompirent leurs âmes et remplirent la vie de leur père avec tristesse. Les songes de Joseph s'étaient réalisés et toute leur méchanceté n'avait pas changé le but divin.

Tôt ou tard, la même certitude de la folie de son péché accablera chaque personne coupable. Dans leur condamnation, les pécheurs se tiendront en silence en reconnaissance de leur mal, devant le trône de Jésus-Christ, le Frère trahi. Il est le roi et le juge, lui seul peut décider de la vie et de ta mort. Voir Jésus sur son trône devrait produire une grande joie, mais cela peut produire aussi la terreur et l'anticipation de sa réprobation et de son jugement.

C. « Approchez-vous de moi » — Genèse 45.4

Les paroles tendres — « Approchez-vous de moi » — assurèrent les frères que Joseph voulait une réconciliation et non pas la vengeance. Il s'intéressait à son père âgé qui l'avait tant aimé (45.3) ; cependant, il s'intéressait aussi à ses frères. Il enleva tous les doutes concernant son identité quand il dit : « Je suis Joseph, votre frère, que vous avez vendu pour être mené en Égypte » (45.4b). Personne d'autre n'aurait pu connaître ce fait.

Questions à discuter :

1. *Discuter la phrase : « Ce qu'un homme aura semé, il le moissonnera aussi. »*

2. *Avez-vous des parents ou des collègues de travail avec qui vous vous n'entendez pas bien ? Que pouvez-vous faire afin d'améliorer la situation ?*

3. *De quelle manière l'amour de Joseph est-il le symbole de l'amour de Christ pour les hommes coupables ?*

II. « PAS VOUS ... MAIS C'EST DIEU »

Genèse 45.5-8

A. « Ne vous affligez pas » — Genèse 45.5a

Le pardon apporte toujours la réjouissance. Quand le berger retourna avec la brebis perdue, il dit : « Réjouissez-vous avec moi, car j'ai trouvé ma brebis qui était perdu » (Luc 15.6). Quand le fils prodigue retourna du pays éloigné, il y eut une joyeuse célébration (Luc 15.22-24). Comme l'amour de Joseph effaçait leurs anciennes mauvaises actions, il dit à ses frères : « Ne vous affligez pas, et ne soyez pas fâchés de m'avoir vendu pour être conduit ici ? (45.5a). Cela ne voulut pas dire qu'il n'y eut pas de culpabilité à cause de leurs mauvaises actions. Le péché est le péché dans chaque âge, et il porte des conséquences graves. Pourtant Joseph voulut dire que l'amour avait couvert beaucoup de péchés et que c'était l'heure pour la réjouissance.

B. « Dieu m'a envoyé devant vous » — Genèse 45.7a

Joseph assura ses frères que leurs méfaits ne firent échec aux desseins de l'alliance de Dieu. Il leur dit : « Dieu m'a envoyé devant vous pour vous faire subsister dans le pays, et pour vous faire vivre par une grande délivrance » (45.7). Ce témoignage nous donne une très importante vérité — la grande vérité de la providence divine. Il y a des desseins dans lesquels Dieu travaille malgré tout ce que les personnes méchantes peuvent faire. Chaque personne est responsable de ses actions, mais Dieu peut annuler et annule les actions des hommes quand il veut pour le bien-être de l'humanité et pour sa gloire. Il a le contrôle ultime de l'histoire. Nous ne devons pas oublier cette vérité dans nos moments critiques.

Parfois, il est difficile de voir la volonté de Dieu dans les circonstances présentes de la vie. La perception du Dieu de Joseph fut de la position avantageuse du trône égyptien. Il est toujours plus facile de voir Dieu en regardant en arrière sur les événements pénibles, plutôt que lorsque nous nous trouvons au milieu d'eux. Il nous faut avoir une vision et un dévouement plus purs pour nous soumettre à la providence de Dieu sans amertume. Quand les événements de la vie semblent être des calamités, nous ne pouvons pas voir comment ils pourraient glorifier Dieu ou être un bienfait pour l'humanité.

Question à discuter :

Qu'est-ce que l'expérience de Joseph en Égypte nous enseigne au sujet de la providence de Dieu ?

III. « HÂTEZ-VOUS DE REMONTER AUPRÈS DE MON PÈRE »
Genèse 45.9-13

A. « Ainsi a parlé ton fils Joseph » — Genèse 45.9b

La tendre affection de Joseph pour son père est un hommage perpétuel à Joseph. Vingt-deux années se sont écoulées depuis que son père l'avait envoyé en mission vers ses frères. Durant toutes ces années, Joseph ne fut pas corrompu par le péché, rempli d'amertume à cause des mauvaises circonstances de sa vie, ou gâté par les richesses. Son cœur resta dévoué à son père.

Alors, Joseph presse ses frères de remonter en hâte auprès de son père et de lui dire : « Ton fils Joseph est vivant et est gouverneur de tout le pays d'Égypte. » Rien ne pourrait encourager Jacob dans sa vieillesse que cette bonne nouvelle à l'égard de Joseph. « Descends vers moi, ne tarde pas ! » insista Joseph (45.9 *in fine*). En Égypte, Joseph prendrait soin de son père et de sa famille pendant les années de famine qui restaient (45.11).

Toute la gloire de Joseph en Égypte ne le causa pas d'oublier son père (45.13). Le fils exalté n'avait pas honte de son père qui n'était qu'un humble berger. Il s'arrangea avec Pharaon pour que son père et sa famille habitent dans le pays de Gosen (45.10). Personne n'est honorable qui n'honore pas ses parents. Joseph fut un exemple de ce que Dieu commanda plus tard : « Honore ton père et ta mère, afin que tes jours se prolongent dans le pays que l'Éternel, ton Dieu, te donne » (Exode 20.12).

B. « Dans le pays de Gosen » — Genèse 45.10a

Le pays de Gosen était situé sur la rive est du Nil et s'étendait de la Mer Méditerranée au nord jusqu'à la Mer Rouge au sud. Il était très convenable pour un peuple de bergers. Le pays était excellent pour le pâturage et pour certains genres d'agriculture. Bien sûr, Joseph ne se rendit pas complètement compte de tout ce que cela impliquait en déplaçant sa famille vers ces plaines. Toutefois, Dieu les bénit dans ce lieu et fit de cette famille patriarcale une grande nation.

En restant en Égypte 400 ans, le peuple errant et nomade de Jacob reçut des connaissances qui l'aida à devenir une nation. Toutes les nations du monde civilisé sont redevables à la nation juive pour ses meilleures lois, pour sa moralité la plus noble et pour ses buts les plus sages.

Question à discuter :

Que révèle l'attitude de Joseph envers son père au sujet de son caractère ?

IV. LE PARDON POUR TOUS
Genèse 45.14-15

A. « Il embrassa aussi tous ses frères » — Genèse 45.14-15

Chaque aspect du caractère de Joseph est admirable. Mais nulle part ailleurs ne semble-t-il aussi noble que dans cette scène du pardon. À travers les années, c'est l'amour qui a gouverné sa vie. Il n'eut aucune amertume ni aucun esprit de vengeance. Il ne pardonna pas seulement Ruben et Juda qui intercédèrent un peu en sa faveur, mais il pardonna à tous ses frères. Ce que tes autres nous font ne peut vraiment nous blesser. C'est notre réaction contre ce que les autres nous font qui amène le mal ou la bénédiction. Personne n'est vraiment blessé sauf par ses propres actions et attitudes.

Nous voyons dans le pardon de Joseph l'esprit chrétien avant l'époque chrétienne. Le cœur de Joseph ressembla à celui de Christ, malgré le fait que Jésus-Christ n'était pas de son temps. Puisse l'esprit de l'amour qui pardonne caractérise nos vies comme des chrétiens du Nouveau Testament.

La vie est trop courte pour être remplie de petites complaintes, de vieilles rancunes, et d'amères sentiments. Ce sont « les petits renards qui ravagent les vignes » (Cantique des cantiques 2.15). Certains chrétiens déclarés se sont laissés alourdir par des petits ressentiments jusqu'à ce que leur vie spirituelle ait été étouffée. Personne ne peut refuser de pardonner sans laisser sa propre vie tomber dans la confusion. Quand nous manquons de l'amour, nous manquons de la vraie vie.

Le disciple de Christ doit être saint en nature aussi bien que dans ses actions. Parmi les 17 péchés mentionnés en Galates 5.19-21, plus de la moitié se réfère à l'attitude. Dieu met la haine, la discorde, la jalousie dans la même catégorie que l'immoralité sexuelle, l'ivrognerie et le meurtre. On a besoin de la sainteté afin de libérer l'homme de sa nature pécheresse. David pria : « O Dieu ! crée en moi un cœur pur, renouvelle en moi un esprit bien disposé » (Psaume 51.12).

B. « Ses frères s'entretinrent avec lui » — Genèse 45.15b

L'amour brisa les barrières pour permettre la communion entre les frères. Ils s'entretinrent maintenant librement ensemble. L'amour est la vraie source de la réconciliation (Jean 3.16). Certains chrétiens sont prêts à accepter le pardon de Dieu ; pourtant, ils refusent de pardonner l'un de leurs frères. Toutefois, quand nous manquons de pardonner les autres, le pardon n'est plus disponible pour nous-mêmes (Matthieu 6.14-15).

Parfois des assemblées focales ont été déchirées par ta lutte et l'amertume que des paroles de pardon auraient pu guérir. Un esprit qui refuse de pardonner gêne le témoignage chrétien, nuit aux croyants et limite l'entreprise rédemptrice de l'Église. Mais l'amour qui pardonne unit le peuple de Dieu et enrichit leur communion. Un tel amour rend leur témoignage fort et honore le Christ qui nous a tant aimé et qui s'est livré lui-même pour nous.

Question à discuter :

De quelle manière un esprit de pardon a-t-il un rapport avec notre relation personnelle avec Dieu ?

Leçon 13

DIEU DANS L'HISTOIRE

PASSAGE BIBLIQUE SUR LA LEÇON

Genèse 50.15-26

VERSET À RETENIR

« Nous savons que Dieu travaille en tout pour le bien de ceux qui l'aiment, de ceux qu'il a appelés selon son plan » (Romains 8.28, *La Bible en français courant*).

BUT DE LA LEÇON

De prendre conscience de nouveau comment Dieu travaille dans les circonstances des gens et des nations afin d'achever ses desseins rédempteurs.

INTRODUCTION

Cette étude nous amène à la dernière leçon sur Joseph, et aux derniers versets du livre de la Genèse qui raconte la fin de l'ère patriarcale. Les cinq premières leçons dans cette série étaient basées sur Genèse chapitres 1 à 11. Nous avons étudié principalement les commencements de la race humaine et la raison de la rédemption — le péché de l'homme. Les huit dernières leçons sont basées sur les chapitres 12 à 50. Notre attention est centrée sur trois hommes exceptionnels de la foi — Abraham, Jacob et Joseph.

Pourtant, l'histoire de ces patriarches est plus que la simple histoire. Leurs vies révèlent l'histoire des efforts miséricordieux de Dieu qui désire ardemment que la race humaine Le trouve de nouveau. Nous voyons comment Dieu a œuvré à travers la famille patriarcale afin d'établir la nation d'Israël. C'était au travers de ces patriarches choisis que Dieu allait pourvoir à la rédemption de la race humaine.

Des événements importants précèdent immédiatement la leçon finale d'aujourd'hui. La leçon précédente parle de la réconciliation de Joseph avec ses frères (Genèse 45.1-15). Après cette réconciliation, les frères de Joseph retournèrent en Canaan afin d'amener leur père âgé en Égypte (45.16-28). Et puis le déplacement significatif de Jacob et de toute sa famille eut lieu. (46.1—47.12).

Joseph administra avec habilité les affaires de l'Égypte durant le moment de crise nationale — la famine (47.13-26). Le vénéré Jacob passa ses derniers jours dans le pays de Gosen, et il fut enterré en Canaan, le pays de la promesse (47.27—50.14). Dans cette étude, nous allons considérer les derniers jours de Joseph en Égypte et sa mort (50.15-26).

Voici l'esquisse de notre étude :

I.   « Oh ! pardonne le crime de mes frères » — Genèse50.15-18
II. « Dieu l'a changé en bien » — Genèse 50.19-21
III. « Mais Dieu vous visitera » — Genèse 50.22-24
IV. « On le mit dans un cercueil en Égypte » — Genèse 50.25-26
V.   « Oh ! pardonne le crime de mes frères » — Genèse 50.15-18

A. « OH ! PARDONNE … LEUR PÉCHÉ »
Genèse 50.77

Tant que Joseph vivait, il était le chef de famille, bien que Joseph ait été un gouverneur important en Égypte. Après la mort et l'enterrement du père respecté, Joseph prit la direction de la famille de l'alliance (Genèse 49.28 — 50.14). Cela rendit les frères de Joseph mal à l'aise. Ils se dirent : « Si Joseph nous prenait en haine, et nous rendait tout le mal que nous lui avons fait (50.15).

Quarante années se sont écoulées depuis qu'ils avaient vendu Joseph comme esclave. Les 17 dernières années avait été vécues dans la paix du pardon de Joseph et dans la provision abondante qu'il leur avait donnée dans le pays d'Égypte. Toutefois, la mémoire du péché meurt difficilement.

B. « Joseph pleura » — Genèse 50.17

Joseph pleura à cause du soupçon que ses frères eurent à son égard. Ce ne fut pas la première fois qu'ils n'avaient pas une complète confiance en lui ou qu'ils ne le comprenaient pas. L'hésitation d'avoir confiance en Joseph de la part de ses frères était une indication de leur propre caractère. Seulement celui qui est pur de cœur peut accepter entièrement la noblesse des autres.

Les larmes de Joseph montrèrent son amour continu envers ses frères. Il a vraiment voulu dire cela quand il les a pardonnes (45.14-15). Il les aimait toujours. Cette exposition de la grâce et de la miséricorde de la part de Joseph nous rappelle celle d'un autre : le Seigneur Jésus-Christ. « Ayant aimé les siens qui étaient dans le monde, mit le comble à son amour pour eux » (Jean 13.1).

Question à discuter :

Malgré les circonstances de notre vie, pouvons-nous aimer ceux qui sont autour de nous continuellement ?

II. « DIEU L'A CHANGÉ EN BIEN »
Genèse 50.19-21

A. « Vous aviez médité de me faire du mal » — Genèse 50.20a

Joseph ne minimisa point les péchés de ses frères. Ils ont eu l'intention de lui faire du mal. Et pour leurs mauvaises actions, ils durent régler la question avec Dieu et non avec Joseph. Celui-ci demanda : « Suis-je à la place de Dieu ? » (50.19). Ils se mirent contre Joseph afin de faire cesser ses songes ; mais Dieu utilisa leurs desseins pour accomplir ces songes et « pour sauver la vie à un peuple nombreux ». Une fois déjà, Joseph leur avait dit que, sans le savoir, ils avaient contribué à l'accomplissement des desseins de la Providence (45.5-8). Joseph regardait au-delà de leurs méfaits et voyait la présence de Dieu.

B. « Sauver la vie à un peuple nombreux » — Genèse 50.20b

« Nous savons que Dieu travaille en tout pour le bien de ceux qui l'aiment, de ceux qu'il a appelés selon son plan » (Romains 8.28, *La Bible en français courant*). Beaucoup d'années avant que l'apôtre Paul n'ait écrit ces mots, la vérité qu'ils expriment fut démontrée dans la vie des patriarches. Dieu fit une alliance avec Abraham et cette alliance fut répétée à plusieurs reprises (Genèse 12.1-3 ; 18.18 ; 22.18 ; 26.1-5 et 28.13-15. Dieu développait ses desseins rédempteurs à travers la famille patriarcale. Il amena Jacob et sa famille hors de Canaan, sachant qu'un jour ils pourraient le posséder de nouveau d'une meilleure façon. Dieu utilisa les événements incertains et mystérieux de la vie de Joseph pour préserver son peuple choisi. Qu'elles sont mystérieuses les œuvres merveilleuses de la Providence divine !

Le soin providentiel de Dieu avait gardé Joseph. Par la foi, nous devons nous aussi croire que Dieu est dans les détails de nos vies quotidiennes. À mesure que ses plans se précisent, nous pouvons surmonter les expériences désagréables et nuisibles que nous rencontrons sur notre chemin. Même si bien des choses ne semblent pas bonnes en elles-mêmes, nous croyons que Dieu œuvre en toutes choses afin d'accomplir sa volonté pour nous et à travers nous.

Question à discuter :

1. *Pourquoi est-il important de croire dans le soin providentiel de Dieu ?*

2. *Comment pouvons-nous permettre à Dieu de faire sa volonté en nous ?*

III. MAIS DIEU VOUS VISITERA"
Genèse 50.22-24

A. « Joseph demeura en Égypte » — Genèse 50.22a

Ce dernier paragraphe du livre de la Genèse se réfère aux événements qui ont pris place 54 années après la mort du père de Joseph. On connaît très peu au sujet de ces années, sauf le fait que Joseph fut fidèle au service qu'il rendait au peuple égyptien. Il demeurait au milieu de la splendeur et de la richesse de l'Égypte, mais sa foi ne vacilla pas. Il aima sa famille. Il vit les enfants de son fils Éphraïm jusqu'à la troisième génération, et les arrières petits-enfants de son fils Manassé (Genèse 50.23). Il se réjouit des choses matérielles de la vie, mais il ne perdit jamais de vue les promesses de Dieu.

B. « Je vais mourir ! » — Genèse 50.24a

Le moment vint pour la mort du dernier des grands patriarches. Joseph dit : « Je vais mourir ! Mais Dieu vous visitera. » Les dirigeants meurent, mais la présence et les buts de Dieu demeurent. Joseph rassura ses frères que Dieu resterait avec son peuple, malgré la disparition des patriarches. Seule sa présence est essentielle !

Des hommes très capables nous ont dirigés en tant qu'une Église. Notre Église reconnaît sa dette envers eux. Ces serviteurs de Dieu sont morts, mais Dieu est toujours en vie ! Un grand dévouement doit caractériser nos vies aujourd'hui de même qu'un grand dévouement a marqué l'œuvre de nos conducteurs du passé. Dieu doit être réel et vivant pour nous comme il l'était pour eux. Les conducteurs sont mortels, mais Dieu est éternel, fournissant un abri pour son peuple dans toutes les générations.

Question à discuter :

Les promesses de Dieu sont-elles importantes pour vous ? Pourquoi ?

IV. « ON LE MIT DANS UN CERCUEIL EN ÉGYPTE »
Genèse 50.25-26

A. « Vous ferez remonter mes os » — Genèse 50.25b

L'Égypte fut le pays d'obligation et d'adoption de Joseph, mais Canaan fut le pays de son héritage. L'écrivain de l'Épître aux Hébreux mentionne cela comme une preuve de la foi de Joseph. « C'est par la foi que Joseph mourant fit mention de la sortie des fils d'Israël, et qu'il donna des ordres au sujet de ses os » (Hébreux 11.22). Les dernières paroles de Joseph mourant, « vous ferez remonter mes os loin d'ici », déclarent que toutes ses années en Égypte n'ont pas amoindri son espérance d'un héritage de la part de Dieu.

Comme Joseph, il nous faut nous rappeler que nous avons un héritage. Nous ne devons pas permettre aux fascinations et aux tentations de ce monde présent d'amoindrir nos espoirs d'un monde meilleur et éternel. « Car nous n'avons point ici-bas de cité permanente, mais nous cherchons celle qui est à venir » (Hébreux 13.14).

B. L'histoire continue

La Genèse, le livre des commencements, semble avoir à première vue une fin assez étrange. Le livre commence dans le paradis créé par Dieu, et il se termine dans l'Égypte païenne. Il commence avec la création de la vie, il se termine dans la mort et dans un cercueil. Ses premiers mots sont : « Au commencement Dieu ... » ses derniers mots sont : « On le mit dans un cercueil en Égypte. » Néanmoins nous devons nous rappeler que le livre de la Genèse n'est que la première partie de l'histoire de l'œuvre rédemptrice de Dieu dans l'histoire.

Ouvrez votre Bible au livre de l'Exode et regardez la suite de l'histoire de la Genèse. En Genèse, nous avons appris les commencements du peuple d'Israël ; en Exode, nous tisons comment Israël est devenu une nation. En Genèse, nous avons étudié les différents patriarches ; en Exode, nous voyons la nation juive comme un tout. En Genèse, nous sommes émerveillés pendant que Joseph sauve sa famille ; en Exode, nous sommes étonnés pendant que Moïse libère une nation. En Genèse, nous voyons une famille se déplacer à Gosen ; en Exode, nous voyons une nation entière retourner à Canaan.

Et même l'Exode ne nous apporte pas les chapitres finals de l'histoire. Nous devons chercher plus loin dans notre Bible dans les livres de Josué, des rois, des prophètes, et jusqu'aux livres qui nous parlent de Christ. Voilà le Dieu puissant (Ésaïe 9.5), le grand libérateur (Romains 11.26), le lion de la tribu de Juda (Apocalypse 5.5), le fils de David (Matthieu 1.1), et le Sauveur de toute l'humanité (Luc 2.11). Christ est le point culminant dans les desseins rédempteurs de Dieu et dans les soins providentiels de Dieu pour ses enfants. Le Dieu qui nous a donné Jésus-Christ œuvre toujours dans l'Histoire ; et il continuera à œuvrer jusqu'à ce que son royaume vienne et que sa volonté soit faite.

Question à discuter :

Qu'est-ce que l'histoire du livre de la Genèse nous révèle aujourd'hui ?

LA GENÈSE

SOMMAIRE

www.ingramcontent.com/pod-product-compliance
Lightning Source LLC
Chambersburg PA
CBHW021136020426
42331CB00005B/798